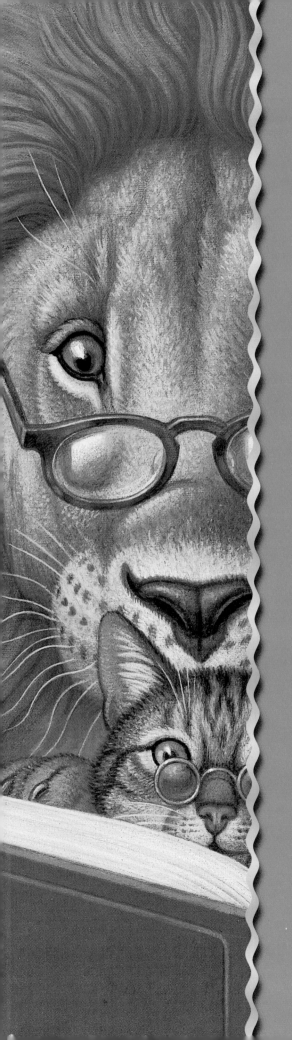

Lectura

¿Te lo imaginas?

Scott Foresman

¿Te lo imaginas?

Un sitio sólo para mí

En todas partes del mundo

Manos a la obra

Scott Foresman

Conozcamos al ilustrador de la portada
A Daniel Craig le encantaban los dinosaurios cuando era niño. Hoy día en su casa de Minneapolis sus únicas mascotas son dos gatos, Isaac y Noah, y un perro llamado Winston. Con frecuencia estas mascotas aparecen en sus ilustraciones.

ISBN 0-673-59654-0

5 6 7 8 9 10-VH-06 05 04 03 02 01

¿Te lo imaginas?

Lectura

Scott Foresman

Autores del programa

George M. Blanco	Bertha Pérez
Ileana Casanova	Flora Rodríguez-Brown
Jim Cummins	Graciela P. Rosenberg
George A. González	Howard L. Smith
Elena Izquierdo	Carmen Tafolla

Scott Foresman

Oficinas editoriales: Glenview, Illinois • New York, New York
Oficinas de ventas: Reading, Massachusetts • Duluth, Georgia • Glenview, Illinois
Carrollton, Texas • Menlo Park, California

Un sitio sólo para mí

Autor célebre

Rolando Hinojosa-Smith

4

Unidad 1

Contenido

EN TODAS PARTES DEL
MUNDO

Contenido

Manos a la obra

Rolando Hinojosa-Smith

Queridos lectores:

Nací en un ambiente de lectura y de lectores. Mi papá no tuvo muchos estudios, pero llegó a ser buen lector por su cuenta. Mi mamá fue maestra en la escuela por un breve período de tiempo y tal vez de ahí provenga su amor por los libros. En ese ambiente, los cinco hijos seguimos su ejemplo. Nunca nos obligaron a leer, y nunca nos dijeron lo que debíamos leer. Simplemente los veíamos leer y pensamos que era algo que a todas las familias les gustaba hacer.

Más tarde descubrí que no era así. Sin embargo, fue su ejemplo de leer, solos o el uno al otro, lo que nos llevó a amar tanto los libros.

Y no era que tuviéramos tanto dinero, sino que íbamos a la biblioteca pública de la ciudad y a la biblioteca de la escuela a aprovechar todos los libros que allí se leían gratuitamente.

También leíamos periódicos en inglés y en español. Lo importante era leer cualquier cosa que nos cayera en las manos. A medida que crecimos, fuimos aprendiendo a seleccionar mejor nuestras lecturas, pero fue el temprano inicio lo que nos ayudó en la escuela, y también en la vida. Como ya he dicho, leía todo lo que caía en mis manos. A veces esperaba que mis hermanas o hermanos terminaran lo que estaban leyendo para luego leerlo yo. No era importante que el libro fuera extraordinario. Mi mamá decía que poco a poco íbamos a escoger las mejores obras. Lo importante era leer, por diversión y por placer.

Yo prefería los libros de aventuras, libros sobre el Oeste y sobre piratas. También leía las páginas de deportes de los periódicos y libros sobre deportistas. Eso era parte de crecer, y cada cosa que leí me ayudó de alguna forma.

Ahora que soy profesor universitario, he observado que mis mejores estudiantes son también buenos lectores y escritores. Para escribir bien, primero hay que saber leer bien, y ahí se acaba el misterio.

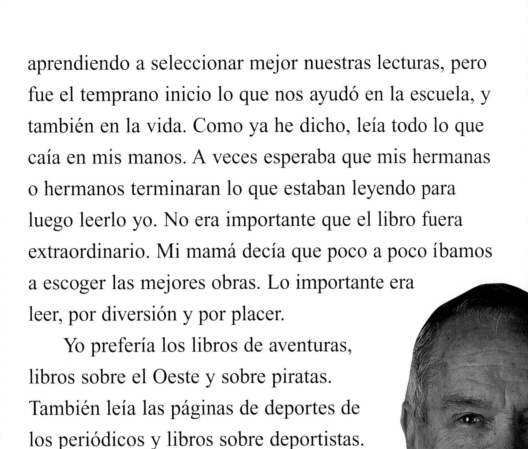

Amigo cabal,
tesoro ideal.

Un sitio sólo para mí

¿Cómo nos ayudan a crecer la familia y los amigos?

Secuencia

- La **secuencia** es el orden en que ocurren los sucesos de un cuento.

- Las palabras clave, como *antes*, *después, a los pocos minutos,* indican cuándo ocurre algo.

- Imagina lo que ocurre. Si el orden de los sucesos no tiene sentido, piensa en un orden que sí lo tenga.

Lee "En el recreo", de *Me llamo María Isabel,* por Alma Flor Ada.

En tus palabras

1. ¿Qué ocurrió después de que María Isabel se mudó a Nueva York?

2. ¿Cuándo comienza María Isabel a saltar la cuerda? ¿Qué palabras clave te sirven para averiguarlo?

En el recreo

por Alma Flor Ada

A la hora del recreo, María Isabel se demoró en salir de clase. Quería ver qué hacían los otros niños. Había empezado a ir a la escuela en Puerto Rico. Luego, cuando su familia se mudó a Nueva York, había ido por dos años a su escuela anterior. Las clases allí eran en español y le habían gustado mucho sus maestras. La Srta. Herrera de segundo grado siempre la felicitaba por lo bien que hacía las matemáticas y le había empezado a enseñar a hablar inglés. Sobre todo le gustaba la Srta. Peyrellade del tercer grado, que les leía cuentos preciosos en español y que enseñaba al aire libre en los días soleados. Allí había tenido muy buenas amigas, pero como aquí no conocía a nadie, siguió de lejos a los niños hasta que llegaron al patio. Una vez allí se quedó de pie en una esquina junto a la pared, sin saber qué hacer. A los pocos minutos, la tomaron de la mano. Era Marta Pérez.

—Ven, vamos a saltar la cuerda. Y, como María Isabel no se decidía, le insistió—: Ven.

El ritmo de la cuerda que hacía girar junto con Marta Pérez para que saltara una niña con un vestido a cuadros, hizo sentir bien a María Isabel. Era como la mecedora de la abuelita Chabela, cuando la cargaba en sus piernas y la mecía para dormirla. O como el ir y venir de las olas en el mar, frente a la casita del abuelo Antonio. Las olas llegaban suavemente hasta la orilla de la pequeña bahía y bañaban la arena en la que se secaban al sol las redes extendidas sobre las barcas, que, puestas boca abajo sobre la arena, parecían enormes escarabajos.

ojo A LO QUE VIENE

Amigos inseparables

En el próximo cuento, un estudiante mexicano pasa su primer día en una nueva escuela. Lee y observa cómo la secuencia de los sucesos le trae una amiga.

Palabras nuevas

inseparables   diario   mudé
confundido   comportaran   mapa

Al leer, quizás encuentres palabras que no conoces. Para averiguar su significado, busca pistas cerca de la palabra desconocida.

Mira cómo se usa *inseparables* en el siguiente párrafo. Busca una explicación en las demás oraciones. ¿Qué significa *inseparables?*

Una nueva vida

Querido <u>diario</u>:

Cuando me <u>mudé</u> a Estados Unidos dejé a todos mis amigos en México. Éramos <u>inseparables</u>, ya que siempre jugábamos en las tardes. El primer día, me sentía <u>confundido</u> en la escuela. No vi el <u>mapa</u> y no sabía a dónde ir. Unos niños se rieron y la maestra les dijo que se <u>comportaran</u>. ¿Haré amigos aquí?

Escribe

Imagina que estás en un lugar desconocido. En tu diario, escribe cómo te sientes. Usa palabras del vocabulario.

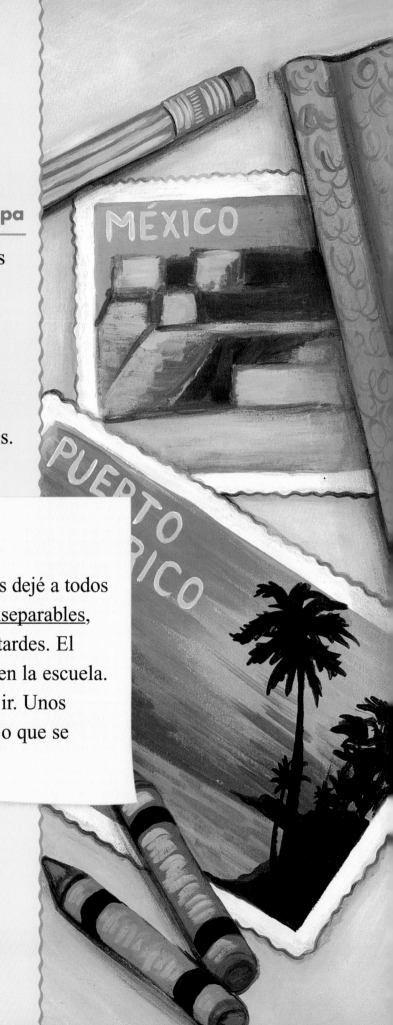

Amigos inseparables

por Nicholasa Mohr

ilustrado por Maya González

Querido diario:

Ya que eres nuevo, déjame que me presente:
Me llamo Cristina María Fernández Camuy,
pero todos me dicen Tina. Vivo con mis papás,
mi abuelita Carmina y mi hermanito Sammy.
Sammy es un bebé todavía. ¡Ah!, y nuestro
perro Pepito. Nací en Ponce, Puerto Rico,
y cuando tenía cuatro años me mudé a Nueva
York con mi familia.

Me sentía un poco sola porque no tenía hermanos ni hermanas con quien jugar, por eso me alegré mucho cuando Sammy nació. Me gusta mucho jugar con Sammy, y también cuidarlo, pero tiene apenas un año y medio y todavía no habla bien, todo le da risa y dice un montón de cosas que no entiendo. La verdad es que todavía me siento sola y a veces quisiera tener amigos cerca de mi casa.

Buenas noches.

Querido diario:

Quiero mucho a papá y a mamá y a Sammy y a Pepito, pero a quien más quiero es a la abuelita Carmina. Ella es la mamá de papá y me quiere mucho. Siempre hace cosas que a mí me gustan, como flan, porque sabe que es mi postre favorito. Y por las noches, cuando me voy a dormir siempre me arropa en la cama y me cuenta historias de cuando ella era pequeña y vivía en Puerto Rico. Me gustan mucho sus cuentos.

Bueno, es todo por hoy. Todavía tengo que hacer tareas. ¡Nos vemos mañana!

Querido diario:

Mi clase favorita es estudios sociales. Miss López, nuestra maestra, dijo en clase que esta semana íbamos a hacer otro mapa. A mí me encanta dibujar mapas, y creo que los hago muy bien. La semana pasada hicimos un mapa del Caribe y yo hice las islas y después hablé en voz alta delante de toda la clase. Dije: "Una de las islas del Caribe es Puerto Rico. ¡Aquí nací yo!" Como ya habrás notado, me puse muy contenta.

Miss López dijo también que mañana va a venir a la clase un niño nuevo que se llama Jorge Mendoza. Mis compañeros de clase son más que nada de Puerto Rico y Centroamérica. Jorge es de México. ¿Qué tal será él?

14 de enero

Ya hace una semana que mi familia
y yo nos mudamos a Nueva York y todavía no
tengo amigos. ¡Cuánta falta me hace el D.F.!
Y ni hablar de mis amigos, el departamento, la colonia.

La escuela me preocupa. Mañana es mi primer día
de clases. ¿Cómo me llamarán, Jorge o George? ¿Haré
amigos ahí? No quiero ir a la escuela. Tengo miedo.
"Miedo", con sólo decir la palabra me da miedo. Qué
bueno que al menos tengo con quien hablar. ¡Contigo!
Lo único malo es que tú no me puedes contestar.

15 de enero, 8:00 a.m.

Toda la familia está emocionada, parece que son ellos los que van a la escuela y no yo.

—Mira a Héctor —dijo mamá mientras nos desayunábamos—. Está tan orgulloso de ti.

Mi hermanito Héctor tiene cuatro años y me sigue a todas partes.

—¿Puedo ir a la escuela contigo? —me preguntó con la boca llena de cereal.

Le dije que no podía y se puso a llorar. Le dije que después podía ir pero hoy, no. Eso lo calmó un poco. A veces Héctor se pone difícil. Me sigue donde yo voy y me pregunta mil cosas. Que a dónde voy. Que por qué no puede jugar conmigo. Que por qué estoy en mi cuarto.

Me tengo que ir. El camión de la escuela viene en quince minutos.

15 de enero, 7:00 p.m.

La familia se juntó y todos quisieron darme ánimos.
Hasta Héctor me abrazó. Justo cuando ya estaba listo
para irme a la escuela, mamá me besó y me dijo que
no me preocupara, que todo iría bien. Papá me recordó
que soy buen estudiante y que estaba seguro de que
yo aprendería mucho en la escuela y que haría
bastantes amigos.

Pues claro, en México era buen estudiante y me gustaba ir a la escuela. ¿Pero cómo puedo sentirme bien aquí si no conozco a nadie?

El viaje en camión estuvo bien, aunque no hablé con nadie. Y todo me pareció extraño, diferente: los carteles, las señales de tráfico en inglés, algunos niños hablando y yo sin poder entender. Y al llegar al salón de clases... ¡lo peor de lo peor! Con sólo pensarlo se me quitan las ganas de escribir. Me voy a la cama.

Querido diario:

El primer día de clases de Jorge Mendoza: un desastre. Primero, nadie le dijo dónde debía sentarse, así que tuvo que buscarse asiento él mismo. Y aunque prestaba atención a lo que Miss López decía, se notaba que estaba bastante nervioso.

Cuando Miss López le dijo que pasara a la pizarra, Jorge tropezó con la mochila de Rolando Sosa y casi se cae. Algunos compañeros se rieron. Entonces Jennifer Morales dijo algo gracioso. Wili Sánchez rebuznó como un burro y toda la clase empezó a reírse. El pobre Jorge se quedó quieto, volteó hacia la derecha, hacia la izquierda, y parecía que estaba muy confundido. Hasta que por fin pudo volver a su asiento.

16 de enero

¡Qué día! Si escribo tal vez me sienta mejor.

Todos se rieron de mí cuando tropecé con una mochila. Lo único que logré hacer fue sentarme y esconder la cara entre las manos. ¡Qué manera de empezar la escuela! Por lo menos la señorita López les dijo a ciertos niños que se comportaran. La clase siguió, pero en la cara de todos pude ver que me consideran medio torpe. No me gusta sentirme así. Si hubiera alguien con quien hablar, todo sería distinto. A ver qué tal me va mañana.

Querido diario:

Todavía hoy Jorge estaba más callado que un ratón. Le sonreí, y él me miró como si no tuviera a nadie en este mundo. Entonces se me ocurrió una idea.

Hablé con Miss López. Le dije que Jorge necesitaba amigos y que la mejor manera de tenerlos era hacer algo con otra persona. Y le pregunté si Jorge y yo podíamos hacer el proyecto del mapa juntos.

Miss López dijo que era una excelente idea. Jorge y yo empezamos a hacer el proyecto. Decidimos dibujar el mapa de México, porque pensé que tal vez así se sentiría mejor. Resaltamos el contorno del mapa, le pusimos rótulos y lo pintamos, y él puso una estrella donde se encuentra México, D.F., la capital y donde él vivía.

—Ahí viven todos mis amigos —dijo sonriendo por primera vez. Y yo me reí con él.

Buenas noches.

$$3 \times 2 = 6$$

$$6 \times 2 = 12$$

$$2 \times 6 = 12$$

$$5 \times 2 = 10$$

$$2 \times 4 = 8$$

$$2 \times 8 = 16$$

$$4 \times 2 = 8$$

$$9 \times 2 = 18$$

20 de enero

Las cosas han mejorado mucho desde que Tina y yo hicimos el mapa de México juntos. Nos divertimos mucho y Tina fue muy amable conmigo. Las clases me empiezan a gustar.

Hoy, en la clase de matemáticas, pasé al pizarrón y resolví los ejercicios. Es que ya sé todas las tablas.

La señorita López me puso una "A".

En el almuerzo me senté con Tina y sus amigos.
Hasta Jennifer y Wili se sentaron con nosotros.

Durante el recreo jugamos a las carreras y yo gané.
Wili me dijo que yo ganaba hoy pero que la próxima
vez él me ganaría. Eso hay que verlo.

Y en camino a casa, Tina y yo dijimos que saldríamos
a jugar más tarde.

Sí, señor, ahora sí que todo va mejor.

Querido diario:

Ahora Jorge y yo jugamos casi todos los días
después de clases. A veces yo voy a su casa y otras
veces él viene a la mía. Nuestras familias también
se han hecho amigas. Hoy, la mamá de Jorge le
está enseñando a mi mamá y a abuelita Carmina
cómo hacer tamales. Y el próximo sábado, mi
mamá y abuelita Carmina le enseñarán a la señora
Mendoza cómo hacer pasteles puertorriqueños.

Lo mejor de todo es que ya no me siento sola.
Tengo un buen amigo. Su nombre es Jorge
Mendoza y es de México. Somos amigos
inseparables.

Buenas noches.

Nicholasa Mohr

Nicholasa Mohr nació en Nueva York. Dice que todavía recuerda la primera vez que su mamá le dio papel y lápiz. En ese momento descubrió que podía crear su propio mundo mágico con dibujos y letras. Cuando tenía siete años sacó su carnet para la biblioteca pública, y allí descubrió el maravilloso mundo de los libros. Le encantaba leer libros de aventuras, pero nunca encontró uno que tuviera personajes puertorriqueños o latinos. Así que años más tarde empezó a escribir sobre su mundo y su gente.

Conozcamos a la ilustradora

Maya González

Cuando Maya González era pequeña, le gustaba dibujar niños parecidos a ella en las páginas en blanco de sus libros de colorear. "Así era como yo me incluía en esos libros", dice.

A la señora González le gusta trabajar al lado de su perra, rodeada de tarros de pinturas, y con música a todo volumen.

Coméntalo

Imagina que eres Tina. ¿Qué harías para hacer que Jorge se sintiera bienvenido en su nuevo país?

Comprensión de lectura

1. ¿Qué clase de persona es Jorge? ¿Cómo lo sabes?

2. ¿Crees que los padres de Jorge saben que él se siente nervioso? Explica.

3. Este cuento está escrito en forma de diario. ¿En qué se diferencia de otros cuentos que has leído? Explica.

4. Palabras clave, como *primero, próximo, último* o la hora del día, indican la **secuencia** o el orden de los sucesos. Haz una lista de las palabras clave en el cuento que indican cuándo suceden las cosas.

5. Di la **secuencia** de los sucesos que le ocurrieron a Jorge.

Un álbum de recuerdos

Haz una página de álbum de recuerdos sobre algo importante que te ha ocurrido. Escribe un párrafo y haz un dibujo en forma de foto.

Lección de destrezas

Sacar conclusiones

- Una **conclusión** es una decisión que tomas sobre lo que ocurre en un cuento.

- Los autores dan detalles sobre lo que ocurre y por qué ocurre.

- Cuando usas lo que sabes para tomar decisiones lógicas sobre los personajes y los sucesos, estás **sacando conclusiones.**

Lee "**El cuento de Araña**", por James Marshall.

Escribe

1. Después de leer, escribe la palabra *gallina* en la parte de arriba de una hoja de papel. Escribe dos oraciones que describan cómo se siente la gallina y cómo lo sabes.

2. Lee tus conclusiones a tus compañeros y compañeras.

El cuento de Araña

por James Marshall

Una gallina tomó el autobús equivocado.

Se dio cuenta de que estaba en una parte mala de la ciudad: la parte donde viven las zorras.

—¡Oh, no! —dijo.

Rápidamente se tapó la cara con el sombrero y esperó el siguiente autobús.

Pero muy pronto —lo adivinaste— una zorra se acercó y se sentó a su lado.

OJO A LO QUE VIENE

Abuelo y los tres osos

En el siguiente cuento, el abuelo le da un toque especial a un cuento muy conocido. Lee y prepárate para sacar tus propias conclusiones sobre los personajes.

Palabras nuevas

calientes	desayuno	hambre
descansar	ocurría	pegar

Las palabras con significados similares, como *bello* y *hermoso,* se llaman **sinónimos**. Para averiguar el significado de una palabra, busca pistas a su alrededor. A veces la pista es un sinónimo.

Mira cómo *hambre* te ayuda a averiguar el significado de *apetito.*

Mi lugar favorito

Cuando queríamos descansar, mis padres y yo nos íbamos a la finca de mis abuelos. Allí siempre ocurría algo divertido. Los domingos me levantaba con hambre, y me iba directo al comedor. Allí un rico desayuno de huevos y frijoles calientes satisfacía mi apetito. Por la tarde mi abuelo me ayudaba a pegar estampillas en mi álbum, y por la noche regresábamos a la ciudad.

En tus palabras

Cuéntale a un amigo o amiga cuál es tu comida favorita. Usa palabras del vocabulario.

Abuelo y los tres osos

por Jerry Tello
ilustrado por Ana López Escrivá

Era un domingo tranquilo. Emilio y su abuelo platicaban
en el porche.

—Abuelo, ¿cuánto tiempo tenemos que esperar?
—preguntó Emilio—. ¿Cuándo van a llegar mis primos?

—Ya estarán por llegar y podremos comer —contestó
el abuelo—. Para que pase más rápido el tiempo voy a
contarte un cuento.

Había una vez tres osos que vivían en el bosque:
Papá Oso, Mamá Osa y su hijo, Osito. Un domingo
Papá Oso se despertó como siempre, de mal humor.
Pero enseguida olió algo sabrosísimo.

—Mmmm, frijoles —dijo Papá Oso.

Papá Oso se levantó y bajó apurado a la cocina.

—Buenos días —les dijo a Mamá Osa y a Osito.

—Abuelo, es una broma, ¿no? —exclamó Emilio
riéndose—. ¡A los osos no les gustan los frijoles!

—A los osos que yo conozco les gustan los
frijoles —dijo el abuelo.

—¿Cómo van esos frijoles? —Papá Oso se sentó a la mesa y se ató la servilleta al cuello—. ¿Ya están listos?

—Sí —contestó Mamá Osa—. Pero están muy calientes todavía.

—Pues, no puedo esperar —dijo Papá Oso—. Tengo un hambre que me comería un elefante.

—Abuelo —dijo Emilio—, los osos no comen elefantes.

—Emilio, no se discute con un oso hambriento —le contestó su abuelo.

El cabezudo Papá Oso no prestó atención a la
advertencia de su esposa.

—¡Ay! —aulló, dando un salto al probar los frijoles—.
Todavía están muy calientes.

—Te lo dije, Papá Oso. ¿Qué tal si dejamos que se
enfríen y mientras tanto nos damos un paseo por el pueblo?
—sugirió Mamá Osa.

—Está bien, vamos —gruñó Papá Oso, con la boca que
todavía le ardía. Entonces los osos dejaron su desayuno
sobre la mesa para que se enfriara y salieron para el pueblo.

En ese mismo instante, en otra parte del bosque, una niña llamada Trencitas salía de su casa para visitar a su amigo, Osito. La llamaban Trencitas por sus trenzas largas de pelo muy negro.

—Abuelo —interrumpió Emilio—, la niña del cuento se llama Ricitos de Oro porque es muy rubia.

—¿Ricitos de Oro? Ah, no sé —dijo el abuelo—. En este cuento es Trencitas la que va de visita, con sus trenzas largas de pelo muy negro. ¡Y con mucha hambre!

Al llegar a la casa de Osito, Trencitas se encontró con la puerta abierta. Entonces entró y al oler los frijoles, siguió derechito hasta que su nariz se topó con la mesa con los tres tazones.

Primero Trencitas probó los frijoles del plato grandote, pero estaban calientes. Luego probó los del plato mediano, pero ya estaban fríos. Por fin probó los del más pequeñito. Estaban perfectos. Y tanto le gustaron, que se los terminó.

Luego Trencitas decidió esperar en la sala hasta que volvieran los osos. Se sentó en la silla grandota, pero era muy dura. Se sentó en la silla mediana, pero era muy blanda. Por fin, se sentó en la más pequeñita. Era perfecta, pero de pronto… ¡CRAC!

—Abuelo, Trencitas rompió
la silla de Osito —dijo Emilio,
preocupado—. ¿Qué va a hacer?

—No te aflijas —dijo el
abuelo—. Después Trencitas la va a
pegar, y como nueva la va a dejar.

Trencitas tenía mucho sueño y subió a descansar.
Primero probó la cama grande, pero la cobija era muy
gruesa. Luego probó la mediana, pero la cobija era
muy áspera. Finalmente probó la cama pequeña. Era
muy pequeña pero tan acogedora y suave que Trencitas
se durmió muy pronto.

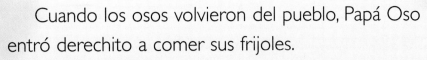

Cuando los osos volvieron del pueblo, Papá Oso
entró derechito a comer sus frijoles.

—¡Ay! —exclamó cuando vio su plato—. Alguien ha
comido de mi plato.

—Y alguien ha comido del mío —dijo Mamá Osa.

—Y en el mío sólo queda un frijol —dijo Osito.

Luego los tres osos entraron a la sala.

—¡Ay! —bramó Papá Oso al ver que habían movido
su silla—. Alguien se ha sentado en mi silla.

—Y alguien se ha sentado en la mía —dijo Mamá Osa.

—Y miren mi silla, sólo quedan astillas —dijo Osito.

Con mucha cautela, los tres osos subieron la escalera hasta el dormitorio, a ver qué ocurría. Papá Oso iba adelante. Mamá Osa y Osito lo seguían.

—¡Ay! —dijo Papá Oso al entrar—. Alguien ha dormido en mi cama.

—Y alguien ha dormido en la mía —dijo Mamá Osa.

—Y miren quién duerme en mi cama —exclamó Osito, y corrió a despertar a Trencitas. Entonces a todos les dio mucha risa.

Ya se hacía tarde. Mamá Osa decidió que había que acompañar a su casa a Trencitas. Papá Oso no estaba de acuerdo.

—Otra vez nos vamos —se quejó enojado—. Y, ¿qué hay de mis frijoles?

—Mi mamá hizo frijoles —dijo Trencitas.

—Seguro que al oír eso, Papá Oso se puso contento —dijo Emilio.

—Así es —contestó el abuelo—.

Y ahora te cuento qué ocurrió después…

En casa de Trencitas, la familia invitó a los osos a sentarse a una mesa muy larga con los padres, abuelos, tíos y tías, y todos los primos de Trencitas. Comieron pollo, cerdo y pescado, frijoles, salsa, tortillas y chiles picantes, de esos que sacan lágrimas gigantes. Y después cantaron, bailaron y contaron cuentos.

—Ya ves, Emilio —dijo el abuelo—, Papá Oso esperó un largo rato para comer sus frijoles. Pero al final, lo pasó genial y compartió una sabrosa comida como tú lo harás ahora cuando lleguen tus primos.

—Abuelo, ¿ya acabó el cuento?

—Sí, se acabó —contestó el abuelo—. Y tu larga espera también se acabó. ¡Aquí están tus primos!

Conozcamos al autor

Jerry Tello

Jerry Tello decidió escribir una nueva versión de un cuento conocido. Pensó que a los niños les interesaría oír la historia de una niña distinta a la de *Ricitos de oro y los tres osos*. En *Abuelo y los tres osos* escribió sobre una niñita de cabello oscuro que era traviesa pero también simpática. Si ensuciaba algo, lo limpiaba. ¡Y después hasta te invitaba a su casa!

Conozcamos a la Ilustradora

Ana López Escrivá

Ana López Escrivá creció en un ambiente artístico. Su papá y su mamá eran artistas, así que ella siguió sus pasos y decidió estudiar ilustración. Esta profesión le brinda muchísima satisfacción. Ella trabaja en su hogar, rodeada de sus cosas favoritas y acompañada por una taza de té y la música del radio.

Coméntalo

¿Qué haces tú cuando quieres que el tiempo pase más rápidamente? ¿Crees que fue buena la idea del abuelo? ¿Por qué?

Comprensión de lectura

1. Se puede decir que *Abuelo y los tres osos* es "un cuento dentro de un cuento". ¿Por qué?

2. Trencitas es uno de los personajes principales del cuento. ¿Cómo es Trencitas? ¿Por qué crees que es importante para el cuento?

3. Compara *Abuelo y los tres osos* con otras versiones de este cuento que hayas leído o que hayas oído. ¿En qué se parecen? ¿En qué se diferencian?

4. ¿A qué **conclusión** llegan los osos cuando encuentran el plato vacío y la silla rota?

5. ¿Qué **conclusión** sacas tú de la manera en que reaccionan los osos al encontrar a Trencitas en la casa?

Soy cuentacuentos

Escribe tu propia versión del cuento, o escribe a tu manera algún otro cuento famoso. Lee tu cuento a la clase.

Propósito del autor/de la autora

- El **propósito del autor o de la autora** es la razón que tienen los autores para escribir.

- A veces los autores nos informan o nos explican algo.

- Otras veces los autores nos entretienen. Nos hacen sentir lo que siente otra persona o nos divierten con la lectura.

Lee "El lazo del vaquero", por Tod Cody.

En tus palabras

1. ¿Qué propósito tendrá el autor para escribir este texto? ¿Por qué piensas así?

2. ¿Qué cosas que no sabías antes de leer te dice el autor sobre el lazo del vaquero?

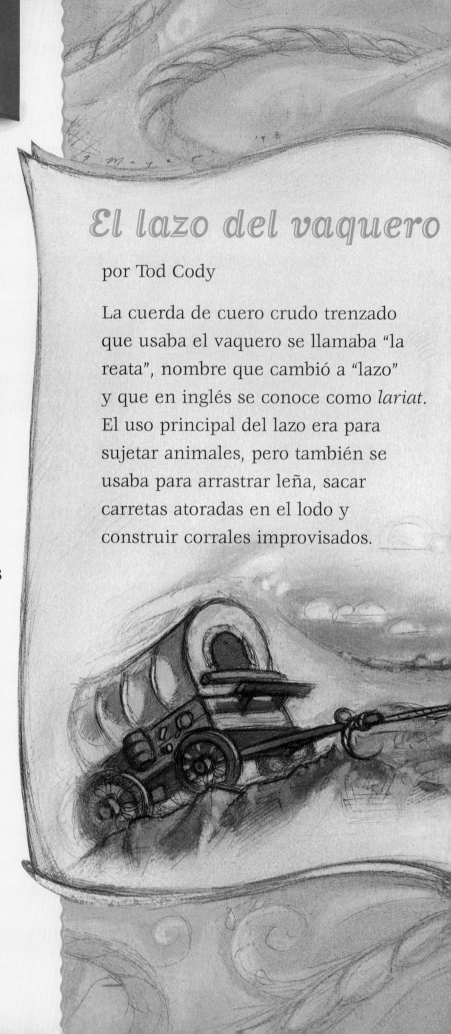

El lazo del vaquero

por Tod Cody

La cuerda de cuero crudo trenzado que usaba el vaquero se llamaba "la reata", nombre que cambió a "lazo" y que en inglés se conoce como *lariat*. El uso principal del lazo era para sujetar animales, pero también se usaba para arrastrar leña, sacar carretas atoradas en el lodo y construir corrales improvisados.

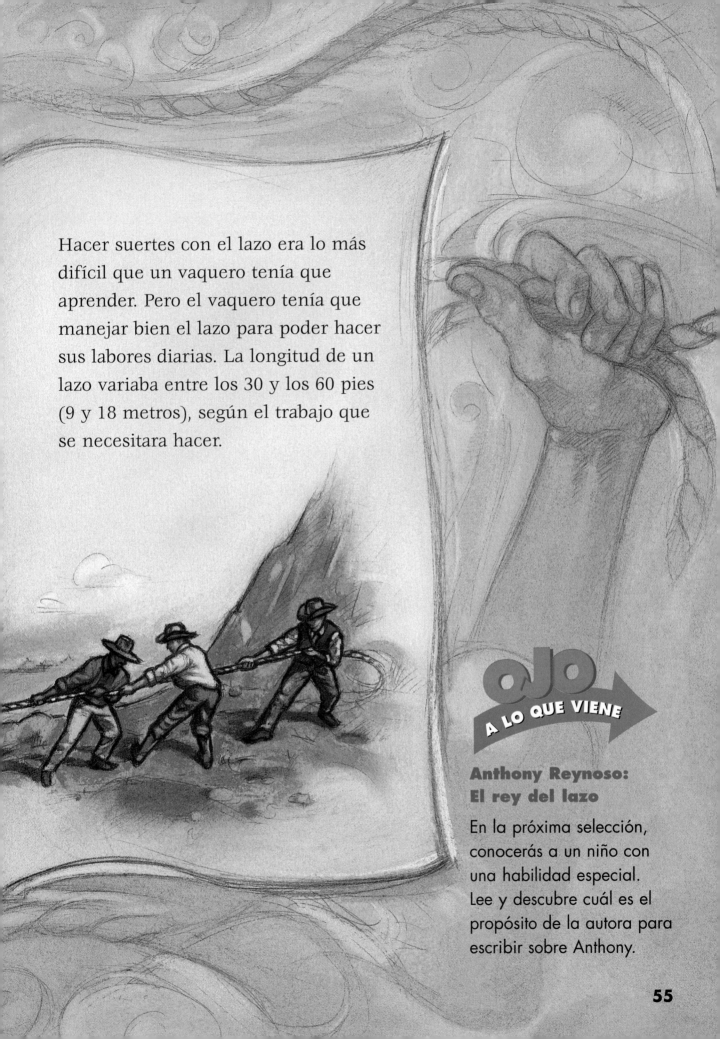

Hacer suertes con el lazo era lo más difícil que un vaquero tenía que aprender. Pero el vaquero tenía que manejar bien el lazo para poder hacer sus labores diarias. La longitud de un lazo variaba entre los 30 y los 60 pies (9 y 18 metros), según el trabajo que se necesitara hacer.

OJO
A LO QUE VIENE

Anthony Reynoso: El rey del lazo

En la próxima selección, conocerás a un niño con una habilidad especial. Lee y descubre cuál es el propósito de la autora para escribir sobre Anthony.

55

Vocabulario

Palabras nuevas

charreada   favoritos   mayor

practicamos   participantes

turistas   preparamos

Al leer, quizás encuentres palabras que no conoces. Para averiguar su significado, busca pistas cerca de la palabra desconocida.

Mira cómo se usa *charreada* en el siguiente párrafo. Busca una explicación en las demás oraciones. ¿Qué significa *charreada?*

Un día genial

Ayer mi hermana <u>mayor</u> y yo fuimos parte de una <u>charreada</u>. Primero <u>preparamos</u> nuestros trajes <u>favoritos</u>. Luego <u>practicamos</u> lo que hacemos frente al público. Ella y otros <u>participantes</u> montan a caballo. Los charros hacemos suertes con el lazo. Fue un gran día ya que los <u>turistas</u> aplaudieron muchísimo.

En tus palabras

Descríbele a tu clase una actuación que te haya gustado. Usa palabras del vocabulario.

ANTHONY REYNOSO:
El rey del lazo

POR MARTHA COOPER Y GINGER GORDON

Me llamo Anthony Reynoso, igual que mi padre y mi abuelo. Aquí en la foto estoy con mi papá, junto al caballo blanco, y con mi abuelo, junto al caballo pinto. En el rancho de mi abuelo los tres hacemos suertes con el lazo y montamos a caballo al estilo de la charreada mexicana. El rancho está en las afueras de Phoenix, Arizona.

En cuanto aprendí a caminar, mi papá me dio un lazo. Tenía también mi sombrerito y todo lo necesario para vestirme de charro. Así se llaman los vaqueros mexicanos.

Aprender a hacer suertes con el lazo lleva años. ¡Qué bueno que empecé de pequeñito!

Vivo con mis papás en Guadalupe. Es un pequeño pueblo mexicoamericano y yaqui. Todos mis abuelos viven cerca de nosotros. Ayudarán mucho cuando nazca el bebé.

Conozco un secreto sobre Guadalupe. Sé dónde hay petroglifos, en unas rocas que quedan cerca de mi casa. Mi favorito parece un hombre con un escudo. Esos petroglifos fueron tallados hace cientos de años. Me pregunto por qué. ¿Qué significan los dibujos?

Cada domingo por la mañana, la antigua iglesia de la misión mexicana se llena. Durante la Pascua vienen muchísimas personas a ver las ceremonias yaqui que se celebran en el centro del pueblo. Como está prohibido tomar fotografías, un artista pintó un mural de los bailarines yaqui.

Algunos domingos vamos a Casa Reynoso, el restaurante de mis abuelos. Cuando está muy lleno, mis primos y yo echamos una mano. Cuando hay tiempo, mi abuela me deja ayudar en la cocina. En Casa Reynoso se sirve la mejor comida mexicana del pueblo.

En el rancho de mi abuelo celebramos los días de fiesta. Una vez al año nos ponemos nuestros trajes más bonitos para la foto familiar.

Tengo muchísimos primos. Cada vez que hay un cumpleaños, tenemos una piñata. La golpeamos con un palo hasta que caen los caramelos. Luego, nos tiramos al suelo para recoger todos los que podemos.

Lo mejor del rancho es que practicamos con el lazo y los caballos. Mi papá siempre intenta hacer algo nuevo… ¡y yo también!

La charreada es el deporte nacional de México. Los charros más famosos de allá son como las estrellas de deportes de aquí.

Durante la semana, papá trabaja en su negocio de jardinería, mamá trabaja en una escuela pública y yo voy a la escuela. En la esquina de la cuadra espero el autobús con otros niños.

Siempre llevo las tareas hechas a la escuela. Una vez allí, me olvido del lazo y los caballos. Aparte de mis mejores amigos, creo que nadie en la escuela sabe que soy charro.

Todo cambia al llegar a casa. Allí practico en serio con mi papá. Él es un buen maestro y me enseña todo lo que su papá le enseñó a él. Practicamos muchas horas para participar en funciones escolares, en centros comerciales y en rodeos. Somos expertos en pasar el lazo. Nuestra próxima actuación más importante es en Sedona, a unas dos horas en carro.

Después de practicar con el lazo, jugamos al básquetbol, que es otro deporte al que papá juega bien.

El viernes después de la escuela, papá y yo preparamos los lazos para la función de Sedona. Tienen que estar perfectos.

Todo está listo para mañana. Ahora puedo descansar y dedicarme a mi colección de tarjetas de básquetbol. Decido cuáles quiero comprar, vender o intercambiar. Coleccionar tarjetas de básquetbol es uno de mis pasatiempos favoritos.

¡Es sábado! Hora de prepararse para la función de Sedona. Me pongo un poco nervioso al ver a los demás participantes en acción. ¿Qué hago yo si se me enreda el lazo delante de toda esa gente?

Después del jarabe tapatío, ¡vamos nosotros!

Mi papá sale primero…

luego salgo yo. Mientras los mariachis tocan, yo hago lo mío.

¡Ni mi papá puede hacer girar el lazo con los dientes como lo hago yo!

Luego papá y yo usamos juntos el lazo, igualito que cuando practicamos. No es fácil con los sombreros de charro puestos. ¡Son tan grandes! Cuando papá me pasa el lazo y yo lo hago girar bien, me dice que me ha pasado la tradición de la charreada mexicana. Ahora me toca a mí mantenerla.

Mamá es nuestra admiradora más grande. Siempre viene con nosotros. Me da confianza saber que ella está entre el público.

A veces los turistas quieren tomarse fotos con nosotros. Me siento como una estrella.

¡Qué hambre tenemos después del espectáculo! Recogemos nuestras cosas y almorzamos algo rápido. Luego vamos a un lugar muy especial llamado Slide Rock.

Slide Rock es una pequeña cascada natural en la que los niños se han divertido durante cientos, quizás miles, de años. ¡Hoy hace frío! Yo preferiría regresar en verano, cuando haga calor. Pero como a papá no le importa el frío, va y me tira al agua. ¡Ahhh!

Ya es hora de regresar a casa. La próxima vez que volvamos a Sedona, el bebé ya habrá nacido. ¿Será niña o niño? ¡Quisiera que naciera ya!

Será estupendo ser el hermano mayor. Muy prontito el bebé podrá ponerse mis viejos botines y yo estaré listo para enseñarle a hacer suertes con el lazo.

Conozcamos a la autora y a la fotógrafa

Anthony Reynoso: El rey del lazo es la historia real sobre la vida de un niño mexicoamericano contada con fotografías.

Ginger Gordon, maestra de Nueva York, escribió el texto que acompaña las fotografías. Dice que obtiene sus ideas de sus estudiantes.

Martha Cooper tomó las fotografías de Anthony Reynoso y su familia. También ha tomado fotografías para otros libros y revistas.

Reacción del lector

Coméntalo

Para manejar bien el lazo se necesita mucha práctica. ¿Crees que cualquiera podría aprender a manejar el lazo? ¿Por qué?

Comprensión de lectura

1. ¿Crees que Anthony se divierte haciendo suertes con el lazo? ¿Qué partes de la selección apoyan tu opinión?

2. Anthony hace otras cosas aparte de manejar el lazo. Nómbralas.

3. Si fueras Anthony, ¿qué le enseñarías primero a tu hermanito, o hermanita, para que fuera una estrella del lazo como tú? ¿Por qué?

4. El **propósito del autor** es la razón que tiene el escritor para escribir. Nombra un propósito importante que pudiera tener la autora para escribir sobre Anthony. ¿Por qué lo crees?

5. A menudo un **autor** tiene más de un **propósito** para escribir. Nombra otra razón que pudiera tener la autora para escribir sobre Anthony. ¿Por qué lo crees?

Libro de pasatiempos

Haz un libro de pasatiempos. Primero crea una portada atractiva. Luego haz un dibujo en cada página o usa dibujos de revistas viejas para describir un pasatiempo que tengas o que te gustaría tener. Escribe dos o tres oraciones debajo de cada dibujo que expliquen por qué tu pasatiempo es tan especial. Muestra el libro a tus compañeros.

PECOS BILL

narrado por Ariane Dewey

Pecos Bill es el héroe de varios cuentos fantásticos del Viejo Oeste. Cualquier cosa le servía a Bill de lazo, ¡hasta un relámpago! La leyenda cuenta que fue criado por coyotes en las llanuras de Texas. Aquí se relata lo que pasó el día en que Bill conoció al vaquero Curly Joe.

Relacionar lecturas

Leer un cuento exagerado

✓ **Busca a una persona extraordinaria.** El personaje principal hace mejor las cosas que una persona ordinaria.

✓ **Busca exageraciones.** En un cuento exagerado, las cosas se muestran más grandes de lo que son en la vida real.

✓ **Busca una explicación.** Un cuento exagerado explica cómo se originó algo.

Enfoca tu lectura

Este cuento se trata de las aventuras de un extraordinario vaquero llamado Pecos Bill. Al leer, piensa en lo que él y Anthony Reynoso tienen en común.

—Me llamo Curly Joe. ¿Y tú? —dijo el vaquero.

—Bill —dijo Bill.

Estaban a orillas del río Pecos.

—Pecos Bill suena mejor —dijo el vaquero.

Y así es como a Bill le quedó el nombre de Pecos Bill.

El vaquero montó en su caballo
y Bill corrió tras él. De repente, una
serpiente de cascabel de doce pies
atacó desde una piedra e hincó los
colmillos en la pierna de Bill.

Bill agarró a la cascabel. La
serpiente luchó y luchó, peró Bill
luchó con más valor. Bill apretó
a la serpiente hasta que ésta quedó
sin una gota de veneno.

—Estoy molida —siseó finalmente la serpiente. Bill la enrolló y se la colocó sobre el hombro.

Al poco tiempo, Bill vio un monstruo de Gila.

Hizo una lazada con la serpiente. Le dio vueltas sobre la cabeza y la lanzó. La lazada atrapó al monstruo. Y así es como Pecos Bill inventó el lazo.

Bill y Curly Joe siguieron su camino. Desde el saliente de una montaña, un puma saltó sobre la espalda de Bill.

Bill y el puma rodaron por el suelo. Había tanto pelo volando que el cielo se oscureció.

—Me rindo —rugió el puma—. Sólo quería cabalgar sobre tu espalda.

—Bueno —respondió Pecos Bill—, yo prefiero cabalgar sobre la tuya.

Se montó sobre el puma de un salto, y el puma brincó y salió corriendo.

—Ahora que ya eres todo un vaquero, necesitas un caballo —dijo Curly Joe.

—Sí, señor —coincidió Bill.

—He oído que anda suelto un potro salvaje que nadie puede atrapar. Tal vez tú sí lo puedas atrapar —dijo Curly Joe.

Sin perder ni un minuto, Bill se puso en camino. Corría cien millas por hora. Desde Texas hasta Montana y desde Montana hasta Texas, le siguió la pista a ese potro.

En Colorado, el potro se detuvo a refrescarse.

—Tú eres el caballo más rápido que haya existido jamás y yo soy el mejor vaquero —dijo Bill—. Formemos un equipo.

Y así lo hicieron.

Causa y efecto

- Una **causa** es la razón por la que algo ocurre.

- Un **efecto** es lo que ocurre.

- A veces las palabras clave indican causas y efectos.

- Cuando leas, busca palabras clave, como *si, entonces, porque, ya que* y *así pues,* para entender mejor lo que ocurre y por qué ocurre.

Lee "La fiesta de Annabelle", por Suzy Kline.

Escribe

1. Escribe las palabras *causa* y *efecto* en la parte superior de una hoja de papel. Anota las cosas que ocurren bajo *efecto* y por qué ocurren bajo *causa.*

2. Escribe algunas palabras clave que indiquen lo que ocurre y por qué ocurre.

La fiesta de Annabelle

por Suzy Kline

Sonó el teléfono y Herbie contestó.

—¿Hola?

—¿0030?

Herbie tapó el teléfono con la mano y dijo en voz baja:

—Sí… un minuto, 922.

Herbie se fue con el teléfono a la despensa de la cocina, pasando por el comedor. Al cerrar la puerta le cayó encima una bolsa de cebollas.

—¿Qué es ese ruido? —preguntó Raymond.

—Nada, 992, unas cebollas.

—¿Eh?

—No importa. Si usas nuestro lenguaje secreto, debes tener algo importante que decirme.

—Annabelle Louisa Hodgekiss te va a invitar a su fiesta de cumpleaños.

Herbie se sentó sobre un par de cebollas.

—Estás bromeando.

—Negativo. Estaba en la tienda de don D y oí a Annabelle decirle a su madre que necesitaba nueve invitaciones este año porque quería invitarte a su cumpleaños.

—¿Dónde estabas tú?

—Detrás de los marcadores. Estaba buscando uno de color morado. Además su madre estaba enojada, porque tuvo que comprar otro paquete de invitaciones. Sólo vendían paquetes de ocho.

—¿Y por qué crees que me quiere invitar a MÍ?

—Bueno, tú eres el campeón de ortografía y todo eso.

Herbie recogió las cebollas sobre las que se había sentado y comenzó a hacer malabarismos con ellas.

—Ojalá la gente se olvidara de eso. Ahora siento que todos los viernes tengo que sacar un cien. Papá me pide el examen de ortografía en cuanto llego a mi casa.

—¡Qué horror! Oye, Herbie, estaba pensando…, ¿crees que Annabelle va a usar alguna de las invitaciones que le sobren?

—Tal vez sí.

—Porque entonces apuesto a que me invita a mí también. Ella sabe que yo soy tu mejor amigo.

Herbie y Annabelle

En el siguiente cuento, vas a leer más sobre Herbie y Annabelle. Lee y prepárate para averiguar lo que ocurre y por qué.

Palabras nuevas

secreto sábana curiosidad
poemas toser tarjetas
descubierto

Muchas palabras tienen más de un significado. Para saber cuál se usa en la oración, busca pistas en las demás oraciones.

Lee el siguiente párrafo. Decide si *curiosidad* significa "algo raro" o "deseo de investigar".

Mejórate pronto, Consuelo

Recuerdo cuando a mi hermana Consuelo le dio varicela. No quería que nadie lo supiera, y nosotros le prometimos guardar el <u>secreto</u>. Se cubría con una <u>sábana</u> y no sacaba la cabeza ni para <u>toser</u>. Sus compañeros, por <u>curiosidad</u>, empezaron a averiguar y pusieron todo al <u>descubierto</u>. Ahora le mandan <u>tarjetas</u> y <u>poemas</u>.

Escribe

Escríbele una tarjeta a alguien que esté enfermo deseándole que se mejore pronto. Usa palabras del vocabulario.

Herbie
y
Annabelle

por Suzy Kline

Quién es quién

A **Herbie Jones** le gusta leer pero casi toda su vida ha estado en el grupo de lectura de nivel más bajo. Siempre lleva una libreta, escribe poemas, lee libros sobre arañas y se divierte haciéndole bromas a Olivia, su hermana mayor. No le gustan las hojas de ejercicios del tercer grado en "Laurel Woods", la escuela primaria. A veces usa su código de espionaje —0030— cuando habla por teléfono con su mejor amigo, Raymond Martin. Herbie siempre toma en cuenta lo que piensan sus padres.

Annabelle Louisa Hodgekiss es la niña más lista del tercer grado. Es mandona y hasta egoísta, pero muy aplicada y obediente. Cuando se enoja con Herbie, le deja de hablar o le pone marcas rojas a su nombre en la libreta. Annabelle es buena atleta y trata de ser la primera en cada competencia. Escribe sus iniciales, ALH, en casi todas sus cosas.

El **Sr. Hodgekiss** es el padre de Annabelle. Le gusta preparar berenjenas a la parmesana, ver a Annabelle jugar al béisbol y contar chistes. A Annabelle no le parecen graciosos los chistes, pero a Herbie sí.

El **narrador** o la narradora es quien dirige la escena. Determina la motivación de los personajes, el ambiente y el momento. Cuando es necesario, se encarga de mover la acción.

El o la **técnico de sonido** es la persona que hace los sonidos especiales.

Personajes: Narrador

Técnico de sonido

Annabelle Louisa Hodgekiss

Herbie Jones

Sr. Hodgekiss

Ambiente: Casa de Annabelle

Momento: Después de clases

NARRADOR: Herbie timbra en la puerta de Annabelle.

TÉCNICO DE SONIDO: Ding dong, ding dong.

HERBIE: Ojalá no tuviera que entregar estas tarjetas de "mejórate pronto". Pero la maestra dijo que yo *tenía* que hacerlo porque soy el que vive más cerca. *(Refunfuña.)*

NARRADOR: El Sr. Hodgekiss abre la puerta.

SR. HODGEKISS: Hola, Herbie.

HERBIE: Hola, Sr. Hodgekiss. Mi maestra me encargó traerle estas tarjetas a Annabelle. ¿Podría dárselas, por favor? *(Dice adiós con la mano.)* Gracias, adiós.

NARRADOR: Herbie se da la vuelta y empieza a bajar por las escaleras.

SR. HODGEKISS: Espera, Herbie. ¿No quieres entrar y darle tú mismo las tarjetas a Annabelle? El doctor dijo que lo que tiene ya no es contagioso.

HERBIE: *(Para sí.)* ¡Qué va! Me pidieron que dejara estas tarjetas en la puerta; no que entrara. La señorita Pinkham nunca dijo que *tenía* que entrar.

SR. HODGEKISS: ¿Ni siquiera un minuto?

TÉCNICO DE SONIDO: *(Se aclara la garganta.)*

HERBIE: Bueno... está bien, Sr. Hodgekiss.

NARRADOR: Herbie nota cómo se le seca e irrita la garganta mientras anda por la casa. Cuando llegan a la puerta del cuarto de Annabelle, se detienen.

SR. HODGEKISS: Antes de entrar, debo decirte algo. Annabelle ha estado muy testaruda desde que le dio la varicela.

TÉCNICO DE SONIDO: *(Se aclara la garganta otra vez.)*

HERBIE: *(Contesta como una rana chillona.)* ¿De veeeeras?

NARRADOR: Herbie se hace el sorprendido pero la verdad es que ya sabe que Annabelle es muy testaruda, con varicela o sin varicela.

SR. HODGEKISS: Ella insiste en cubrirse la cabeza con la sábana cada vez que alguien entra al cuarto. Ni siquiera a *mí* me deja verle la cara. Sólo a su madre. Dice que cuando se le quiten las manchas y las costras dejará de ocultarse bajo la sábana, o sea que dentro de unos pocos días.

HERBIE: *(Al Sr. Hodgekiss.)* ¿En serio? ¿Annabelle tiene una sábana sobre la cabeza? *(para sí)* ¡Qué bueno! De todas maneras no quería verla.

SR. HODGEKISS: Tal vez tengas mejor suerte. *(Toca la puerta.)* ¿Podemos pasar, Annabelle?

ANNABELLE: ¿Quién está contigo?

SR. HODGEKISS: Alguien de la escuela. Te trae unas tarjetas para desearte que te mejores.

NARRADOR: El Sr. Hodgekiss abre la puerta lentamente. Herbie ve a Annabelle sentada en la cama. La sábana le cubre la cabeza.

ANNABELLE: ¿Quién es?

SR. HODGEKISS: Míralo tú misma, querida.

NARRADOR: El Sr. Hodgekiss sonríe mientras sale del cuarto. Herbie echa un vistazo rápido a su alrededor y se sienta en la silla del escritorio de Annabelle.

TÉCNICO DE SONIDO: *(Tose varias veces y luego se aclara la garganta.)*

HERBIE: Hola... hola... Annabelle.

ANNABELLE: ¿Estás resfriado, John, o es que tienes asma otra vez?

HERBIE: *(Para sí.)* ¿John? Oye, esto podría ser divertido. Visito a un fantasma y ahora hasta puedo hacerme pasar por otra persona. *(A Annabelle.)* Es... es... sólo mi asma.

ANNABELLE: ¿Me trajiste tarjetas?

HERBIE: Sí, aquí tienes dos.

ANNABELLE: Léemelas.

HERBIE: Con gusto. Aquí hay una de un barco vikingo.

ANNABELLE: Ésa es de Raymond Martin. Él siempre dibuja barcos vikingos.

HERBIE: Pues sí, y dice: *"Bon Voyage".*

ANNABELLE: *¿BON VOYAGE?* Eso no dice nada. *Bon Voyage* significa "buen viaje". La varicela NO es nada divertida, y además no se puede ir a ninguna parte.

NARRADOR: Herbie se acuerda de toser un poco y actuar como John.

TÉCNICO DE SONIDO: *(Tose, resolla y estornuda.)*

HERBIE: Ésta es muy bonita. Apareces tú en la cama con tu gato y un termómetro en la boca.

ANNABELLE: Ah, me pregunto quién la hizo.

HERBIE: Y hasta tiene un poema. Te lo voy a leer:

Annabelle, Anabelita
está en la cama enfermita.
Tiene manchas en la cara
y manchas en la naricita.
Una rosa roja y brillante
le voy a regalar,
y ella notará al instante
que quiero hacerle cosquillas
con los pétalos en los pies.

ANNABELLE: *(Risitas.)* ¡Qué chistoso! ¿Quién lo escribió?

NARRADOR: Herbie se reclina hacia atrás en la silla.

HERBIE: Herbie Jones.

ANNABELLE: ¿Herbie Jones escribió eso?

HERBIE: El mismo. El único.

NARRADOR: Annabelle se queda callada un momento.

ANNABELLE: Como sabrás, John, a Herbie…

HERBIE: Te escucho, Annabelle…

ANNABELLE: A Herbie yo no le hablo.

HERBIE: ¿No?

NARRADOR: Herbie se sienta bien y escucha. Tiene curiosidad de saber por qué Annabelle le puso tres marcas rojas a su nombre en la libreta.

ANNABELLE: En octubre, Herbie Jones fue a la escuela con aretes puestos. Era Halloween y, supuestamente, iba disfrazado de pirata. Todo el mundo sabe que los piratas se ponen un solo arete de oro. Herbie llevaba puesto un par de fresas.

HERBIE: *(Para sí.)* Marca número uno.

ANNABELLE: ... y para el Día de Acción de Gracias escribió un cuento acerca de un pavo al que le cortan la cabeza. El pavo se llamaba Annabelle.

HERBIE: *(Tratando de no reírse, levanta dos dedos en señal de victoria.)*

ANNABELLE: *(Quejándose.)* ...y me regaló una lata de salmón para mi cumpleaños.

HERBIE: *(Para sí.)* Marca número tres. ¡Qué memoria tiene! Será mejor que me vaya. Esto se pone peligroso. Ya he hecho el papel de John demasiado tiempo. Estornudo una vez más y luego me voy.

TÉCNICO DE SONIDO: *(Estornuda una vez ruidosamente.)*

ANNABELLE: Pero... Herbie Jones sí tiene facilidad de palabra.

NARRADOR: Herbie se detiene en la puerta.

HERBIE: ¿Que Herbie Jones tiene facilidad de palabra?

ANNABELLE: MIRA, JOHN GREENWEED, ¡SI LE DICES A HERBIE QUE YO DIJE ESO, TE ODIARÉ TODA LA VIDA!

NARRADOR: Herbie saca un pañuelo de papel de la caja floreada que está en el escritorio de Annabelle y se tapa la boca. Éste no es el momento de ser descubierto.

HERBIE: No voy a decir nada. Guardaré el secreto para siempre. *(Se quita el pañuelo y sonríe.)*

NARRADOR: El Sr. Hodgekiss ve a Herbie en la puerta.

SR. HODGEKISS: ¿Te habló cara a cara?

HERBIE: *(Sintiéndose culpable.)* No. Y además ella piensa... que yo soy... John Greenweed. Y yo no dije nada.

SR. HODGEKISS: Oye, Herbie, si mi hija quiere jugar, tú también hazlo. No se lo diré a nadie... John.

HERBIE: ¡Gracias, Sr. Hodgekiss!

NARRADOR: Mientras Herbie arrastra los pies por la acera, piensa en lo que dijo Annabelle. Herbie Jones tiene facilidad de palabra.

HERBIE: ¿Será verdad? Tal vez deba tratar de escribir unos cuantos poemas más. A ver, veamos...

El espagueti es rojo.
Las albóndigas son color café.
Se hacen con huevos
y una libra de res.

Cuando el sol es amarillo,
es hora de jugar.
Cuando se pone rojo,
hora de descansar.

(Se truena los dedos.) ¡Claro que tengo facilidad de palabra!

Conozcamos a la autora

Suzy Kline

Cuando no está dando clases a sus propios estudiantes, a Suzy Kline le gusta hablar con otros estudiantes sobre lo que es ser escritora. Señala que las editoriales no siempre aceptan lo que escribe. "Siempre llevo mi bolsa de rechazos", dice. Así los niños saben que "el primer libro que publiqué no fue el primer libro que escribí". También le gusta mostrar las cosas que le han dado ideas para sus cuentos, como el *blandiblub* (esa sustancia verde y resbalosa) y los collares de neón.

Como da clases la mayor parte del día, la Sra. Kline escribe muchos de sus trabajos temprano en la mañana. ¡Hasta escribe en la tina!

La Sra. Kline ha escrito muchos cuentos premiados sobre Herbie y Annabelle, los personajes de este cuento. Los conoce tan bien que los considera como de su familia.

Coméntalo

¿Te gustaría que tus compañeros y compañeras te visitaran en casa si te enfermaras? ¿Por qué?

Comprensión de lectura

1. ¿Crees que a Annabelle le da vergüenza que la vean con la varicela? Explica.

2. Herbie no quiere entrar a la casa de Annabelle. ¿Cuáles son algunas de las cosas que dice y hace que te dan claves?

3. Este cuento está escrito como una obra de teatro. ¿Crees que es más fácil o más difícil leer de esta manera? Explica tu respuesta.

4. Una **causa** es la razón por la que algo ocurre. Un **efecto** es lo que ocurre. ¿Por qué Annabelle no se da cuenta de que Herbie se está haciendo pasar por John?

5. Herbie inventa un poema al salir de la casa de Annabelle. ¿Cuál fue la **causa** para que hiciera eso?

Tarjetas de "mejórate pronto"

Dobla una hoja de papel por la mitad. En la parte de adentro escríbele un mensaje a alguien que esté enfermo. El mensaje puede ser gracioso o serio. Decora tu tarjeta. Léela en voz alta cuando sea tu turno. Luego envíala a un hospital o a una residencia de ancianos.

Personaje

- Un **personaje** es una persona o un animal de un cuento.

- Los autores nos describen a los personajes contándonos lo que éstos dicen, hacen y sienten.

Lee "El recién llegado", por Irene Smalls.

En tus palabras

1. ¿Qué acciones te indican lo que Dawn siente por Kevin?

2. ¿Qué claves te dan una idea sobre qué tipo de personaje es la mamá de Dawn?

El recién llegado
por Irene Smalls

¿Y quién iba a quedarse con Kevin, el hijo de Hazel? La buena de la tía Laura fue la primera en decir que sí.

Kevin, el niño de color caramelo con las pestañas largas y rizadas, se fue un buen día a vivir con su tía Laura, su hijo Jonathan y su hija Dawn. Llegó sin cepillo de dientes y sin ningún juguete. Llegó sólo con la ropa que tenía puesta y sin mamá ni papá.

Dawn, adolescente y alta, le abrió la puerta.

Con cierto aire de sospecha, miró al diminuto recién llegado.

—Mamá, ¿por qué viene a vivir con nosotros este muchacho tan harapiento? —le preguntó a su madre después de dejarlo entrar.

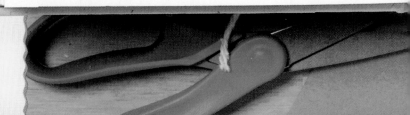

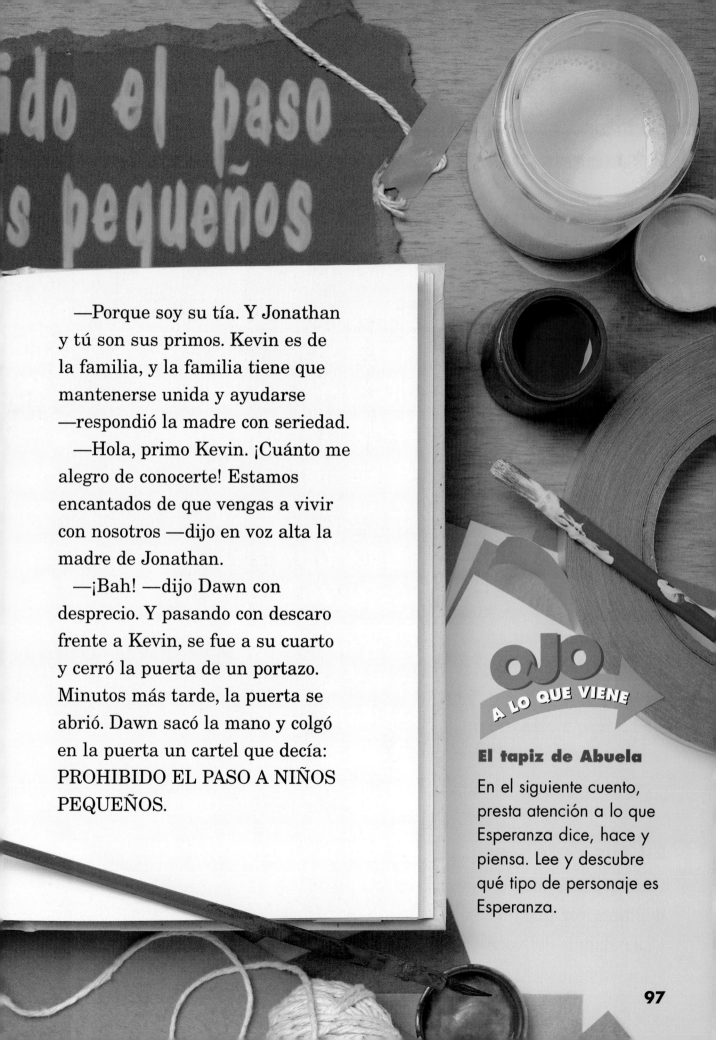

—Porque soy su tía. Y Jonathan y tú son sus primos. Kevin es de la familia, y la familia tiene que mantenerse unida y ayudarse —respondió la madre con seriedad.

—Hola, primo Kevin. ¡Cuánto me alegro de conocerte! Estamos encantados de que vengas a vivir con nosotros —dijo en voz alta la madre de Jonathan.

—¡Bah! —dijo Dawn con desprecio. Y pasando con descaro frente a Kevin, se fue a su cuarto y cerró la puerta de un portazo. Minutos más tarde, la puerta se abrió. Dawn sacó la mano y colgó en la puerta un cartel que decía: PROHIBIDO EL PASO A NIÑOS PEQUEÑOS.

OJO
A LO QUE VIENE

El tapiz de Abuela

En el siguiente cuento, presta atención a lo que Esperanza dice, hace y piensa. Lee y descubre qué tipo de personaje es Esperanza.

Palabras nuevas

mercado   vendedores puestos
tapiz   tejido   canasta

Las palabras con significados
similares, como *bello* y *hermoso,*
se llaman **sinónimos**. Para averiguar
el significado de una palabra, busca
pistas a su alrededor. A veces la pista
es un sinónimo.

Mira cómo *canasta* te ayuda a
averiguar el significado de *cesto.*

En el mercado

Me encanta ir con mi madre al <u>mercado</u>. Al
llegar vemos a los <u>vendedores</u> en sus <u>puestos</u>
ofreciendo mercancías. Vamos al puesto de
panes, al de verduras y al de la tejedora que
siempre tiene el mejor <u>tapiz</u> de <u>tejido</u> fino.
De regreso a casa, mi madre lleva la <u>canasta</u>
con verduras y yo el cesto del pan.

En tus palabras

Cuéntale a un amigo o amiga sobre
la última vez que fuiste al mercado.
Usa palabras del vocabulario.

El tapiz de Abuela

por Omar S. Castañeda

ilustrado por Enrique O. Sánchez

versión en español de Aída E. Marcuse

—Jala fuerte —dijo Abuela—. Dale un buen tirón, para que las hebras queden bien unidas, como una familia.

—Sí, Abuela.

Esperanza pasó la lanzadera por la abertura del tejido y empujó la barra hacia abajo con toda su fuerza.

Abuela estaba arrodillada junto a ella, frente a un telar sujeto por tiras de cuero. Ambos telares estaban amarrados al mismo árbol, en medio del caserío familiar. La madre de Esperanza daba de comer a las gallinas y a los cerdos detrás de la cabaña principal, mientras que el padre y los hermanos trabajaban en los cultivos de maíz, frijoles y café.

—Estás aprendiendo —dijo la Abuela.

Esperanza miró a su abuela con el rabillo del ojo. Sabía que estaba nerviosa pensando en el mercado. Su madre decía que los huipiles y tapices que hacía la Abuela podían deslumbrar a todo el mundo. Pero hoy en día, más y más prendas eran hechas a máquina.

Esperanza estaba preocupada pensando que la gente se reiría de su abuela por la mancha de nacimiento que tenía en la mejilla, como ya lo hicieran unos niños antes. Habían hecho correr el rumor de que Abuela era una bruja, y ahora mucha gente temía comprarle cosas.

—¿Estás soñando despierta otra vez? —preguntó Abuela.

—Sí, Abuela.

—Bueno —dijo la anciana secamente—, mejor te apuras, porque faltan pocos días. Todavía tienes mucho que hacer y habrá otra gente vendiendo las mismas cosas que tú.

—No te preocupes, Abuela. Trabajaré hasta que nos marchemos.

Así lo hizo. Esperanza trabajaba con su abuela desde antes del amanecer hasta mucho después de la puesta del sol, cuando la luna estaba alta y la fogata del caserío esparcía un delicioso olor a pino.

No le enseñaron a nadie su trabajo, ni siquiera a la madre de Esperanza, porque estaban tejiendo algo muy especial, y querían esperar hasta la Fiesta de Pueblos, en Guate, para mostrarlo.

Pronto llegó el día. Hacía un sol radiante, y las hojas de los árboles brillaban con la lluvia de la noche anterior, lo que a Esperanza y a su abuela les pareció de buen augurio. Abuela se vistió de negro, como una mujer enlutada, y se cubrió los hombros y la cara con un mantón, de manera que sólo se le veían los ojos.

Esperanza, en cambio, lucía su huipil favorito: una blusa blanca con el cuello rectangular, bordado con hebras rojas, azules y verdes. Abajo de la franja, los colores se fundían en azul y plateado y, ocultos en los minuciosos diseños de la blusa, pequeños quetzales volaban libremente entre las hebras, como solían hacerlo en las grandes selvas de Guatemala.

Esperanza llevaba sobre la cabeza una gran canasta de paja con sus huipiles, manteles, faldas y el maravilloso tapiz. Caminaba rápidamente por el camino de tierra de Santa Cruz hasta llegar a la carretera, donde tomarían la camioneta que iba a Guate.

Abuela iba varios pasos detrás de ella. Había insistido en que debían aparentar no conocerse.

—Así, si mi mancha de nacimiento asusta a los clientes, todavía se acercarán a ti para comprar —le explicó Abuela.

Cuando llegó la camioneta, Abuela ni la ayudó
a levantar la pesada canasta para dársela a los
muchachos que amarraban los bultos en el techo.

Ya adentro, se sentaron a tres asientos de distancia, como si fueran personas desconocidas, que vivían en distintas aldeas, sin antepasados comunes.

Cuando llegaron, el ruido de la ciudad era ensordecedor. Grandes autobuses circulaban por las estrechas calles, emitiendo nubes de humo negro. Se escuchaba el bullicio de las bocinas y la gente caminaba deprisa y agitada por las aceras. Más que nada, Esperanza quería salir de la Sexta Avenida, donde la gente se apretujaba en los pasajes y los vendedores gritaban desde los comercios o desde los cientos de carritos que bloqueaban las aceras y las calles. Se sentía acorralada, los pulmones le dolían por el humo que echaban los automóviles y autobuses, y le zumbaban los oídos con los ruidos de los frenos, las bocinas, los gritos de la gente y los silbidos de los policías.

Esperanza caminaba rápido, con la canasta firme sobre la cabeza, tratando de fijar su atención en los puestos preparados para la fiesta en el Parque Central y de no pensar en el alboroto general.

Caminaba apresuradamente, zigzagueando para llegar a la Octava o a la Séptima Avenida, donde había menos ruido, cuando de pronto se detuvo para ver si Abuela todavía la seguía. Buscó la cara conocida entre la muchedumbre, las canastas, los cascos y los sombreros. Se hubiera conformado con vislumbrar el mantón de su abuela, como un mirlo saltando de rama en rama en una selva de gente, pero no logró verla. Esperanza siguió caminando al mercado, deseando que la Abuela eventualmente la encontrara allí, entre los demás vendedores.

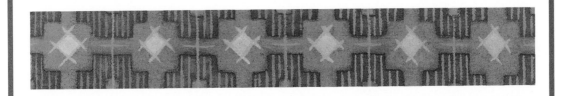

Cuando Esperanza llegó, ya todos los puestos estaban tomados. Mujeres y viejos la alejaban o ignoraban cuando les pedía ayuda.

Al final, tuvo que conformarse con colocar su canasta entre los angostos pasillos que separaban dos puestos. A un lado, una familia de Antigua vendía objetos de cerámica, reproducciones de artefactos mayas, y prendas tejidas en algunas de las muchas fábricas.

Al otro lado, una mujer vendía largas piezas de tela, instrumentos musicales y bolsos. Éstos tenían cierres de cremallera, cosidos a máquina en la capital, con largas y coloridas asas plásticas. Todo era tan hermoso, pensó Esperanza. Tal vez nadie le compraría nada. Ella y su abuela volverían a Santa Cruz sin dinero, habiendo malgastado tantas horas, y su familia estaría decepcionada.

Esperanza sacó sus cosas, las colocó una por una
en largas varillas, y las colgó en los listones a ambos
lados. Se sentía terriblemente sola. Su pobre Abuelita
ni siquiera parecía estar cerca.

Poco a poco, la gente comenzó a detenerse y a señalar el elaborado tejido de Esperanza. Tanto los turistas como los guatemaltecos se acercaban a su rinconcito y admiraban el hermoso trabajo que tenían frente a ellos.

El gran tapiz resplandecía con imágenes de Guatemala. Esperanza y Abuela habían trabajado en los detallados símbolos de la historia del país. Había heroínas y héroes inspirados en el *Popol Vuh,* el libro sagrado de los mayas. Y en una esquina, un hermosísimo quetzal parecía vigilar el tapiz desde una jaula blanca.

En las manos de Esperanza los colores del tapiz brillaban tan intensamente como el sol sobre el lago Atitlán.

La gente se iba de los otros puestos y se detenía para admirar el tejido de Esperanza. Cuando levantó la vista, Esperanza vio a Abuela. Una gran sonrisa le iluminaba la cara, y también la mancha de nacimiento.

Pronto vendieron todo lo que habían traído. Cuando se les acabó la mercancía, mucha gente quedó decepcionada. Pero Esperanza les prometió traer nuevas cosas al mes siguiente.

Abuela y nieta regresaron a Santa Cruz sentadas una al lado de la otra, con los suaves y ágiles dedos de Esperanza enlazados en las viejas y arrugadas manos de Abuela.

Omar S. Castañeda

Conozcamos al autor

Omar S. Castañeda nació en Guatemala, y aunque se crió en Estados Unidos, nunca olvidó su país natal. Por esta razón escribió libros sobre Guatemala, no sólo para mantener vivas en su memoria la cultura y las tradiciones de su país, sino también para dárselas a conocer al mundo entero. *El tapiz de Abuela* trata sobre la tradición maya de las tejedoras de tapices y sobre cómo esta tradición pasa de madres a hijas y de abuelas a nietas.

Enrique O. Sánchez

Conozcamos al ilustrador

Enrique O. Sánchez nació y creció en Santo Domingo, República Dominicana, rodeado de arte y música. Su papá trabajaba como conservador de arte en un museo y su mamá era maestra de piano. Además de pintar, a Enrique le gusta tocar el tambor. Actualmente trabaja como pintor e ilustrador de cuentos y vive con su familia en Bar Harbor, Maine.

Coméntalo

Imagina que tú eres Esperanza.
¿Qué crees que aprendiste de
tu abuela?

Comprensión de lectura

1. ¿Qué hace la abuela de Esperanza al subir a la camioneta
para ir al mercado? ¿Por qué lo hace? ¿Cómo te sentirías
si fueras Esperanza?

2. ¿Qué diferencia hay entre el tejido de Esperanza y los
demás artículos que se venden en el mercado?

3. ¿Cómo se siente Esperanza en la ciudad? ¿Por qué?

4. ¿En qué se parece el padre de Anthony Reynoso al
personaje de la abuela?

5. ¿Qué cambios ocurren en el **personaje** de Esperanza
a lo largo del cuento?

Haz un tejido

Con un papel cuadriculado, crea tu propio diseño para
un tapiz. Cada cuadrito coloreado representa una puntada
del tapiz.

Así se hacen las arpilleras

por Arthur Dorros

Relacionar lecturas

Leer un ensayo fotográfico

3 **Estudia las fotos y el texto.**
   Piensa en cómo el texto te ayuda a entender las fotos, y las fotos a entender el texto.

3 **Piensa en otros ejemplos.**
   ¿Conoces otros tipos de artesanías que te ayuden a entender mejor esta lectura?

Enfoca tu lectura

Este ensayo fotográfico muestra cómo se hacen las arpilleras. Al leer, piensa en el tapiz de Esperanza y el valor de las artesanías.

Las arpilleras son tapices hechos de tela que cuentan historias de la vida de los habitantes de los Andes. Aquí se muestra la elaboración de arpilleras.

En Lima, Perú, la artesana de arpilleras dibuja el diseño en tela blanca. Selecciona y corta piezas de tela para el diseño.

Cose piezas grandes de tela para formar el fondo.

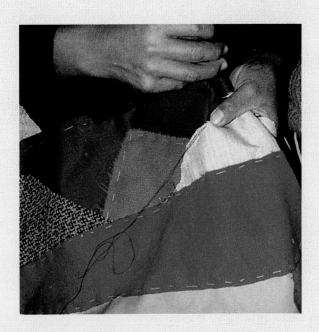

Da puntadas a
cada pieza y añade
detalles bordando
y cosiendo más
piezas cortadas.

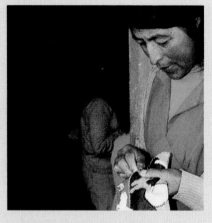

Hace muñecas y
otros objetos de
tres dimensiones
y los cose en
la arpillera.

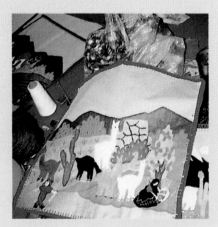

Se ha terminado
otra arpillera.

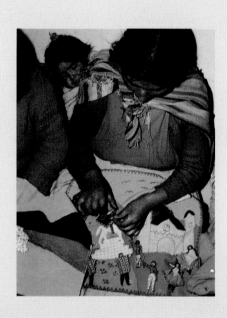

Las artesanas de arpilleras a menudo trabajan en grupos. Con el dinero de la venta de arpilleras, estos miembros del Club de Madres Virgen del Carmen tienen un comedor popular que ayuda a alimentar cerca de trescientas personas diarias.

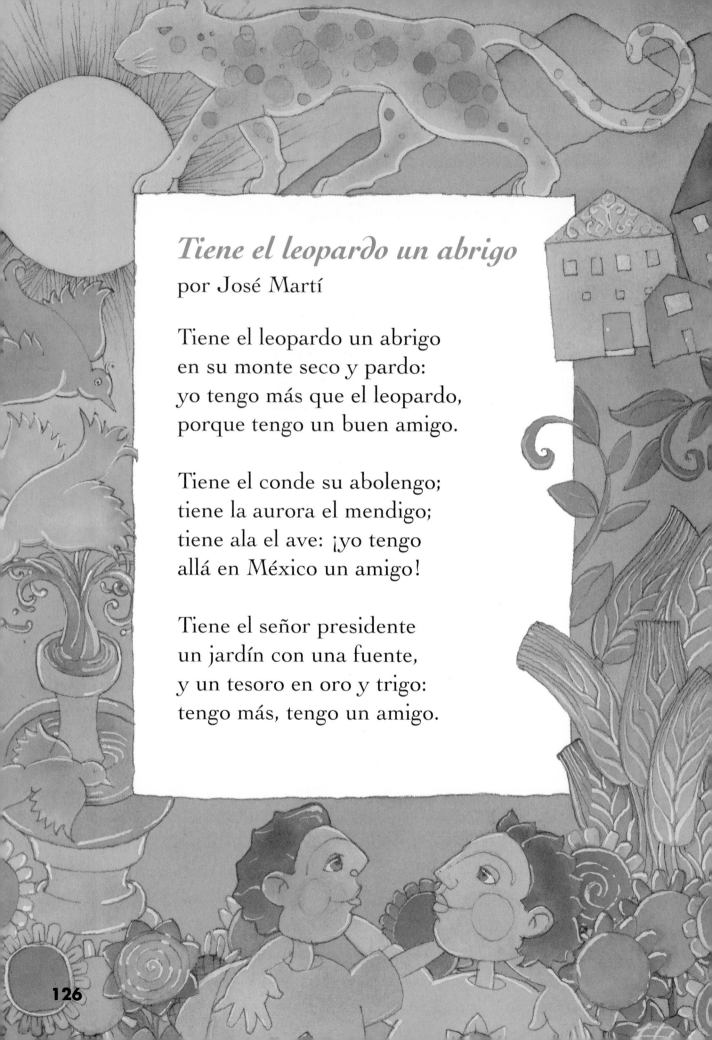

Tiene el leopardo un abrigo

por José Martí

Tiene el leopardo un abrigo
en su monte seco y pardo:
yo tengo más que el leopardo,
porque tengo un buen amigo.

Tiene el conde su abolengo;
tiene la aurora el mendigo;
tiene ala el ave: ¡yo tengo
allá en México un amigo!

Tiene el señor presidente
un jardín con una fuente,
y un tesoro en oro y trigo:
tengo más, tengo un amigo.

Mi sombra

por Marta Giménez Pastor

¿Por qué será que mi sombra
no se mueve de mi lado?
¿Tendrá miedo que otro chico
se la lleve, equivocado?

Si alguna vez, en la plaza
yo de mi sombra me olvido,
le tengo dicho a un gorrión
que me la guarde en su nido;

no vaya a ser que la noche,
con tanta luna y rocío,
le humedezca el corazón
y se me pesque un resfrío.

A veces yo me pregunto:
¿De qué está hecha mi sombra?
¿Será tejida al crochet,
o bordada en punto sombra?

¿Será amasada con nube
o modelada con cielo?
¿O será un retrato mío
con baño de caramelo?

Mi sombra es un papelito
de celofán, recortado,
con la forma de mi alma
siempre en silencio a mi lado.

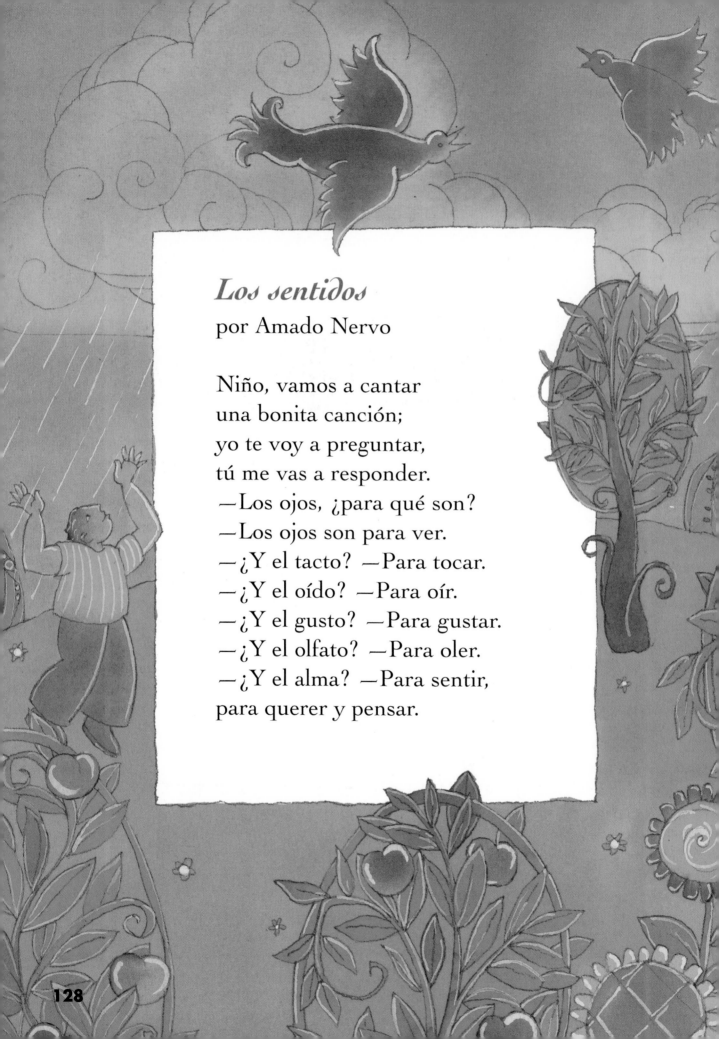

Los sentidos

por Amado Nervo

Niño, vamos a cantar
una bonita canción;
yo te voy a preguntar,
tú me vas a responder.
—Los ojos, ¿para qué son?
—Los ojos son para ver.
—¿Y el tacto? —Para tocar.
—¿Y el oído? —Para oír.
—¿Y el gusto? —Para gustar.
—¿Y el olfato? —Para oler.
—¿Y el alma? —Para sentir,
para querer y pensar.

Poema

por Langston Hughes

Quise mucho a un amigo.
Se fue lejos de mí.
No hay nada más que decir.
El poema acaba
tan dulce como empezó:
Quise mucho a un amigo.

Regar

por Alma Flor Ada

Tus sonrisas son
para tus amigos
como el riego
para las plantas.

Lo que la naturaleza
pinta nunca se despinta.

Unidad 2

EN TODAS PARTES DEL MUNDO

¿Cómo conocemos mejor el mundo y cómo podemos protegerlo?

Fuentes gráficas

- Una **fuente gráfica** puede ser una fotografía, un diagrama, un mapa, una tabla, una gráfica o cualquier otra cosa que muestre información.

- Las fuentes gráficas son útiles porque muestran mucha información en una forma fácil de ver.

- Para entender mejor lo que lees, haz un dibujo, una gráfica o un diagrama.

Lee "Plantas angiospermas", por Herbert S. Zim.

En tus palabras

1. Explica por qué entiendes mejor el párrafo si te fijas en el diagrama.

2. Observa el diagrama. ¿Qué partes de la planta se comen?

PLANTAS ANGIOSPERMAS

por Herbert S. Zim

Hay miles de clases de plantas. Algunas son tan pequeñas que apenas se pueden ver. Otras plantas son los seres vivos más grandes que existen. La clase de plantas que vemos más a menudo son las angiospermas. Los guisantes, los frijoles, el maíz, las rosas y los tomates son angiospermas. También la mayoría de los árboles son angiospermas. Todas las angiospermas tienen hojas. Además, tienen tallos, raíces, flores y frutos. Algunas son leñosas y crecen durante muchos años. Otras crecen durante un año y al siguiente florecen. Y otras nacen y mueren en un mismo verano.

Flor

Semilla

Hoja

Fruto

Tallo

Raíces

Planta de frijol

OJO
A LO QUE VIENE

**Atrapamoscas
¡Plantas que muerden!**

En la próxima selección, aprenderás muchas cosas sobre las plantas que comen insectos. Lee y presta atención a los dibujos, que te servirán para entender mejor cómo son estas plantas.

Palabras nuevas

bisagra	disuelven
escarabajos	insectos
pantanosos	pegajosas

Al leer, quizás encuentres palabras que no conoces. Para averiguar su significado, busca pistas cerca de la palabra desconocida.

Mira cómo se usa *bisagra* en el siguiente párrafo. Busca una explicación en las demás oraciones. ¿Qué significa *bisagra?*

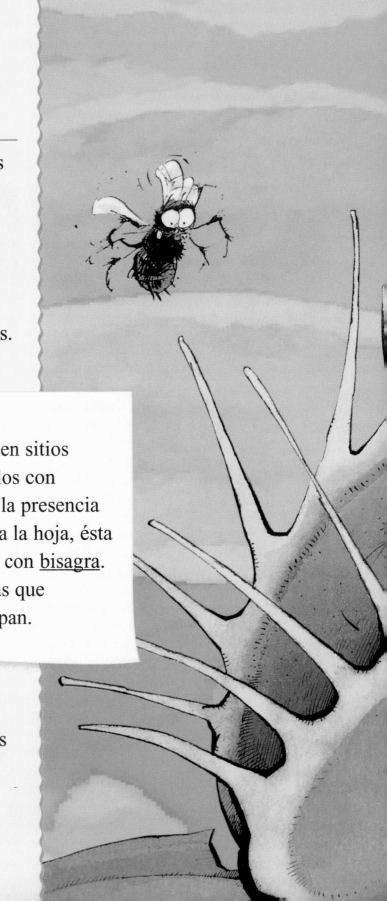

La planta sorprendente

Los atrapamoscas de Venus viven en sitios <u>pantanosos</u>. Sus hojas tienen pelillos con sustancias <u>pegajosas</u> que detectan la presencia de <u>insectos</u>. Cuando el insecto toca la hoja, ésta se cierra como si fuera una puerta con <u>bisagra</u>. Los atrapamoscas tienen sustancias que <u>disuelven</u> los <u>escarabajos</u> que atrapan.

En tus palabras

¿Te gustaría tener un atrapamoscas de Venus? Cuéntale a un amigo o amiga por qué. Usa palabras del vocabulario.

Atrapamoscas

¡Plantas que muerden!

por Martin Jenkins / ilustrado por David Parkins

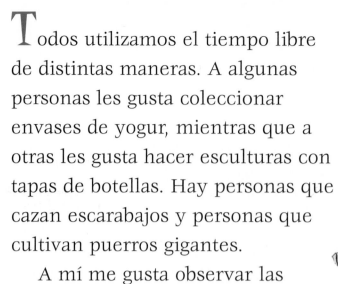

Todos utilizamos el tiempo libre de distintas maneras. A algunas personas les gusta coleccionar envases de yogur, mientras que a otras les gusta hacer esculturas con tapas de botellas. Hay personas que cazan escarabajos y personas que cultivan puerros gigantes.

A mí me gusta observar las plantas que comen animales.

Las plantas que se alimentan de animales se llaman plantas carnívoras. Hay cientos de plantas de este tipo que crecen en todo el mundo.

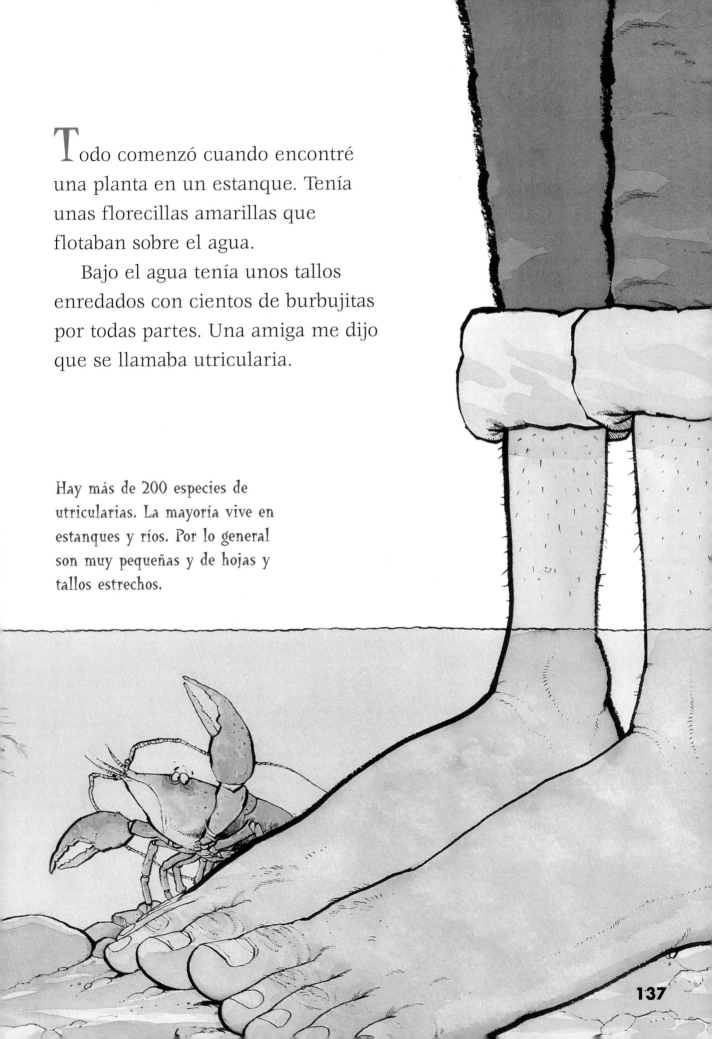

Todo comenzó cuando encontré una planta en un estanque. Tenía unas florecillas amarillas que flotaban sobre el agua.

Bajo el agua tenía unos tallos enredados con cientos de burbujitas por todas partes. Una amiga me dijo que se llamaba utricularia.

Hay más de 200 especies de utricularias. La mayoría vive en estanques y ríos. Por lo general son muy pequeñas y de hojas y tallos estrechos.

Mi amiga me dijo que las burbujas que tienen en los tallos se llaman vesículas. Cada una de esas vesículas tiene una trampa bien cerrada y unos pelillos que la activan.

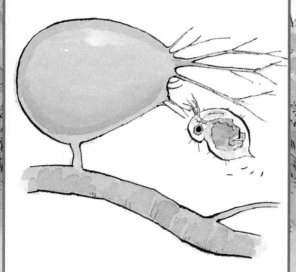

Para preparar la trampa, la utricularia saca el agua de sus vesículas.

Cuando una pulga acuática u otro insecto toca los pelillos, la trampa se abre y el insecto queda atrapado.

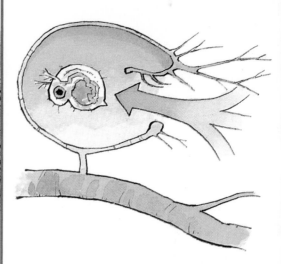

Al abrirse la trampa, entra el agua llevándose al insecto hacia dentro.

Entonces, la trampa se cierra y ya no hay manera de escapar. Todo pasa en un abrir y cerrar de ojos.

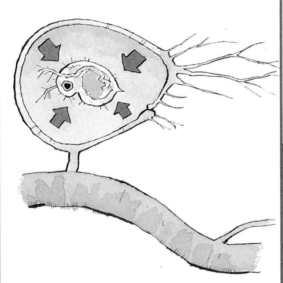

La utricularia produce unas sustancias químicas especiales en la vesícula que disuelven al insecto y luego la planta lo absorbe.

"¡Caramba, qué interesante!", pensé. Lo malo era que las trampas de mi planta eran tan pequeñas y tan rápidas que no me daba tiempo de ver cómo funcionaban.

"Está bien", me dije. "Entonces tendré que buscar otra planta carnívora más grande".

Dicho y hecho.

Tuve que escalar hasta una montaña. Luego anduve por sus campos más pantanosos y musgosos.

Entre el musgo encontré unas plantitas rojas que brillaban bajo el sol. Pensé que estaban cubiertas de gotas de rocío, pero estaba equivocado. Eran rocíos de sol, y las partes brillantes de la planta eran pegajosas como la miel. Seguro que te imaginas para qué eran.

Cuando un insecto queda pegado en un rocío de sol, la hoja lo envuelve lentamente.

Luego, con unas sustancias químicas la planta disuelve las partes más blandas del insecto y se lo traga.

Cuando el cielo se nubló tuve que irme,
pero en cuanto llegué a casa comencé a
buscar mis propias semillas de rocío de sol.

Después, la hoja se abre
nuevamente dejando caer
los restos del insecto.

Las utricularias son también plantas
carnívoras. En general crecen en los mismos
lugares que los rocíos de sol. Tienen las hojas
planas, como las tiras matamoscas. Los
insectos quedan pegados en las hojas y
terminan disolviéndose lentamente.

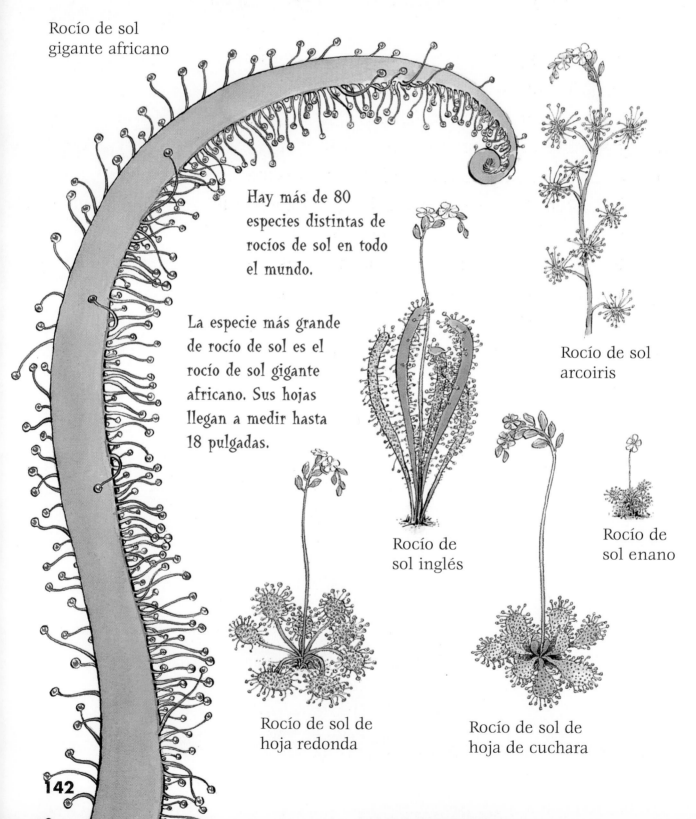

Las semillas no eran de un rocío de sol normal, no creas. Eran semillas del rocío de sol gigante africano. Las sembré en una maceta con musgo y luego las tapé con un vidrio.

Rocío de sol
gigante africano

Hay más de 80 especies distintas de rocíos de sol en todo el mundo.

La especie más grande de rocío de sol es el rocío de sol gigante africano. Sus hojas llegan a medir hasta 18 pulgadas.

Rocío de sol
arcoiris

Rocío de
sol inglés

Rocío de
sol enano

Rocío de sol de
hoja redonda

Rocío de sol de
hoja de cuchara

Regué la maceta todos los días con el agua de lluvia que se había acumulado en la cisterna. Al poco tiempo, las semillas comenzaron a brotar y salieron docenas de rocíos de sol pequeñitos.

Crecieron y crecieron hasta que ya casi podían atrapar cosas.

Pero un día los regué con otro tipo de agua y se murieron todos.

Entonces me di por vencido con los rocíos de sol y sembré un atrapamoscas de Venus. Lo puse en la repisa de la ventana y allí cazaba insectos. Sus hojas tenían una especie de bisagra en el centro, varios pelillos activadores y un borde espinoso.

Cuando una mosca o una avispa se paseaba por la hoja, no corría peligro siempre y cuando no tocara los pelillos. Si tocaba un solo pelillo tampoco le pasaba nada. Ahora bien, en cuanto tocaba dos pelillos...

Mis rocíos de sol se murieron porque eché fertilizante en el agua por equivocación. Las plantas carnívoras odian el fertilizante.

Los atrapamoscas de Venus sólo viven en una pequeña zona del sureste de Estados Unidos. Hoy en día quedan muy pocas porque los habitantes de la zona han drenado muchos de los pantanos en los que vivían.

¡Zas!

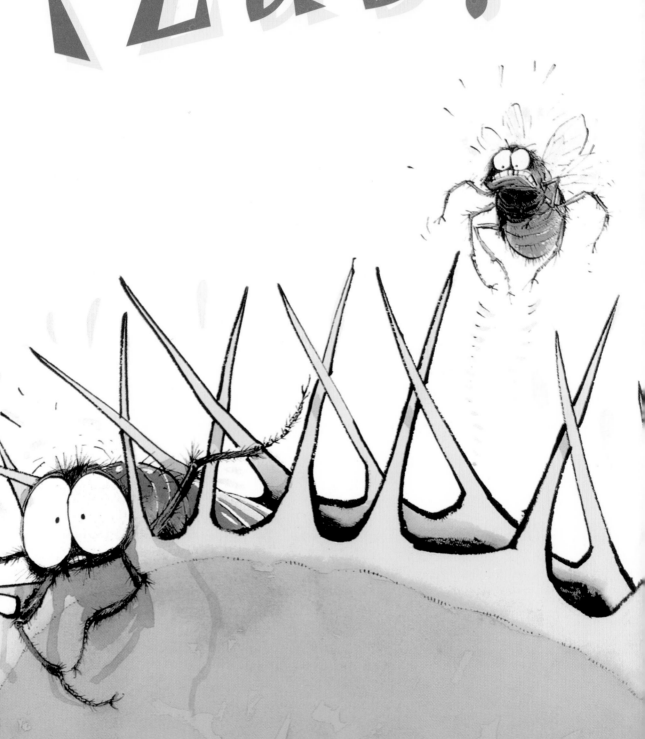

Algunos insectos más pequeños, como las hormigas, logran escapar de los atrapamoscas de Venus porque son demasiado pequeños y la planta no se molesta en comérselos.

Pero las moscas y las avispas son otra cosa. Una vez que quedan atrapadas, cuanto más tratan de escapar, más fuerte las sujeta la hoja.

Cuando la hoja se cierra del todo, la planta comienza a disolver a la víctima.

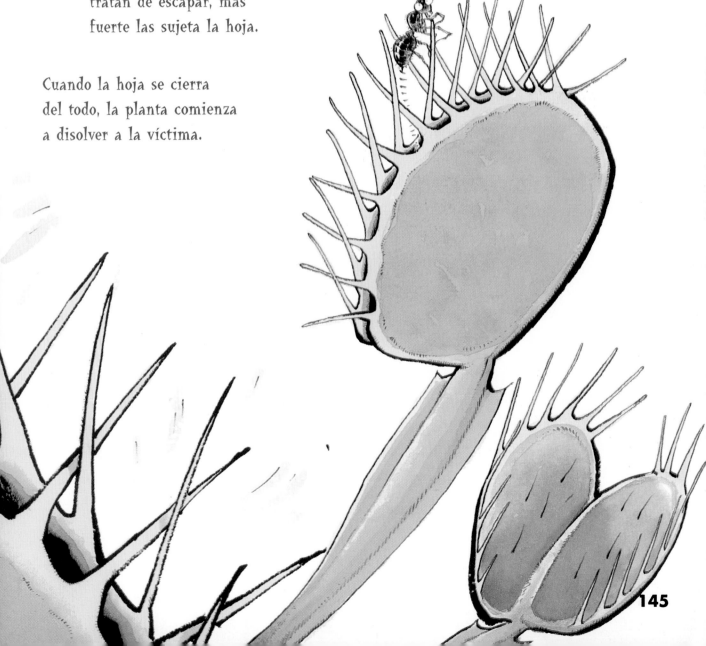

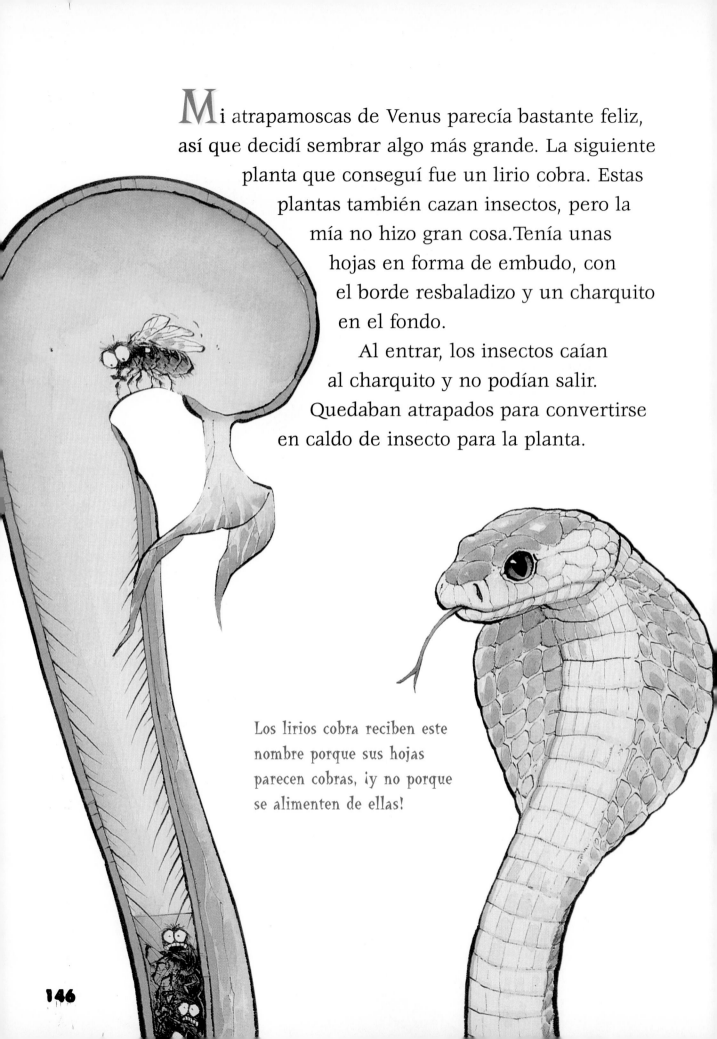

Mi atrapamoscas de Venus parecía bastante feliz, así que decidí sembrar algo más grande. La siguiente planta que conseguí fue un lirio cobra. Estas plantas también cazan insectos, pero la mía no hizo gran cosa. Tenía unas hojas en forma de embudo, con el borde resbaladizo y un charquito en el fondo.

Al entrar, los insectos caían al charquito y no podían salir. Quedaban atrapados para convertirse en caldo de insecto para la planta.

Los lirios cobra reciben este nombre porque sus hojas parecen cobras, ¡y no porque se alimenten de ellas!

146

Yo estaba muy contento con mi lirio cobra. ¡Era sin duda la planta carnívora más grande de todas! Pero después, mi amiga me habló de las sarracenias.

—Las sarracenias son aún más grandes —me dijo—, pero no son fáciles de cultivar.

"En ese caso, saldré a buscar sarracenias silvestres", pensé.

Dicho y hecho.

Y llegué a Malasia.

Los lirios cobra crecen en la costa oeste de Estados Unidos. Sus hojas llegan a medir hasta 18 pulgadas de longitud.

Y allí estaban, trepándose por los árboles de la selva: cientos de sarracenias. Rojas y gruesas, amarillas y delgadas, verdes y enroscadas... esperando a las moscas.

Pero no logré ver a la más grande de todas. Se llama sarracenia rajá y sólo crece en la montaña más alta de Borneo.

Tiene unas hojas en forma de jarra del tamaño de una pelota de fútbol americano. Se dice que puede cazar algunas clases de ardillas, pero eso a mí no me convence.

Las sarracenias viven en países tropicales y, al igual que la mayoría de las plantas carnívoras, por lo general crecen en lugares donde la tierra no es muy fértil.

Las hojas de las sarracenias parecen jarrones y atrapan a los insectos igual que los lirios cobra.

Algunas especies de arañas, e incluso algunas ranas arbóreas logran vivir dentro de las hojas utriculares. Se pegan a los resbaladizos bordes y se comen a los insectos que caen atrapados.

Un día iré a verlo con
mis propios ojos....

La montaña se llama Kinabalu.
Mide más de 13,000 pies. La
sarracenia rajá sólo crece allí y es
menos común que el atrapamoscas
de Venus.

Conozcamos al autor
Martin Jenkins

Atrapamoscas ¡Plantas que muerden! es uno de los primeros libros infantiles de Martin Jenkins. "Es totalmente autobiográfico", dice el Sr. Jenkins de su libro. Martin Jenkins viaja a selvas lejanas en busca de plantas exóticas. Es biólogo conservacionista y escribe artículos para la asociación ecologista World Wildlife Federation. También es el autor de *Wings, Stings and Wriggly Things* ("Alas, picotazos y otras cosas escurridizas").

Conozcamos al ilustrador
David Parkins

Ilustrar *Atrapamoscas ¡Plantas que muerden!* le trajo a David Parkins muchos recuerdos. "Cuando comencé a dedicarme a la ilustración, me tocó ilustrar un libro sobre la naturaleza, y me pasé un año entero recorriendo campos y dibujando bayas y pájaros. Así pues, este libro es como una vuelta al pasado". El Sr. Parkins ha ilustrado muchos otros libros para niños. Hoy en día vive en Inglaterra.

Reacción del lector

Coméntalo

De todas las plantas que aparecen en *Atrapamoscas ¡Plantas que muerden!*, ¿cuál te parece más interesante?

Comprensión de lectura

1. Define al narrador con una palabra. Busca partes del texto que apoyen la palabra que hayas elegido.

2. ¿Cuál es la característica común más importante que tienen todas las plantas de la selección? Explica tu respuesta.

3. Algunas de las ilustraciones y ciertas partes del texto son graciosas. ¿Te parece que es ésta una buena manera de presentar la información? Explica por qué.

4. Usa las ilustraciones de las páginas 138 y 139 como **fuente gráfica** para explicar a un amigo o amiga cómo atrapa su comida la utricularia. Utiliza las manos y la voz para explicar.

5. Busca la **fuente gráfica** que muestra de dónde proviene el nombre del lirio cobra. Explica en qué se parecen la planta y la serpiente.

El consejo del abuelito

Con un compañero o compañera, representen una escena en la que uno sea el abuelito mosca y el otro haga de nieto mosca. El abuelito mosca le explica al nieto mosca cómo evitar el peligro de los atrapamoscas de Venus. El nieto mosca le hace preguntas. Después, cámbiense los papeles y hagan que el abuelito mosca le explique al nieto mosca qué hacer para no quedar atrapado en una sarracenia.

¿Sabes cazar moscas?

por Rhonda Lucas Donald

Las sarracenias verdaderas cazan muchas moscas. Sigue estas instrucciones y haz tu propia sarracenia. ¡Veamos si tú también eres capaz de cazar moscas!

Lo que necesitas

- un pedazo de cartón fino de 6 x 9 pulgadas (más o menos del grosor de un sobre de papel Manila)
- un cordel o hilo de 11 pulgadas
- tijeras
- dos tiras de papel de 3/4 x 4 pulgadas cada una
- lápiz o pluma
- pegamento blanco
- cinta adhesiva (opcional)
- crayones, marcadores o pinturas y pinceles

Relacionar lecturas

Leer un artículo con instrucciones

✓ **Lee primero las instrucciones.** Paso a paso sabrás la duración y dificultad de tu proyecto.

✓ **Reúne los materiales necesarios.** Antes de empezar prepara todo lo que necesitas.

✓ **Sigue las instrucciones al pie de la letra.** Si quieres que lo que estás haciendo te salga bien, sigue al pie de la letra todos los pasos.

Enfoca tu lectura

Estas instrucciones muestran cómo hacer una sarracenia de papel. Al leer, piensa en la manera que una sarracenia de verdad atrapa moscas.

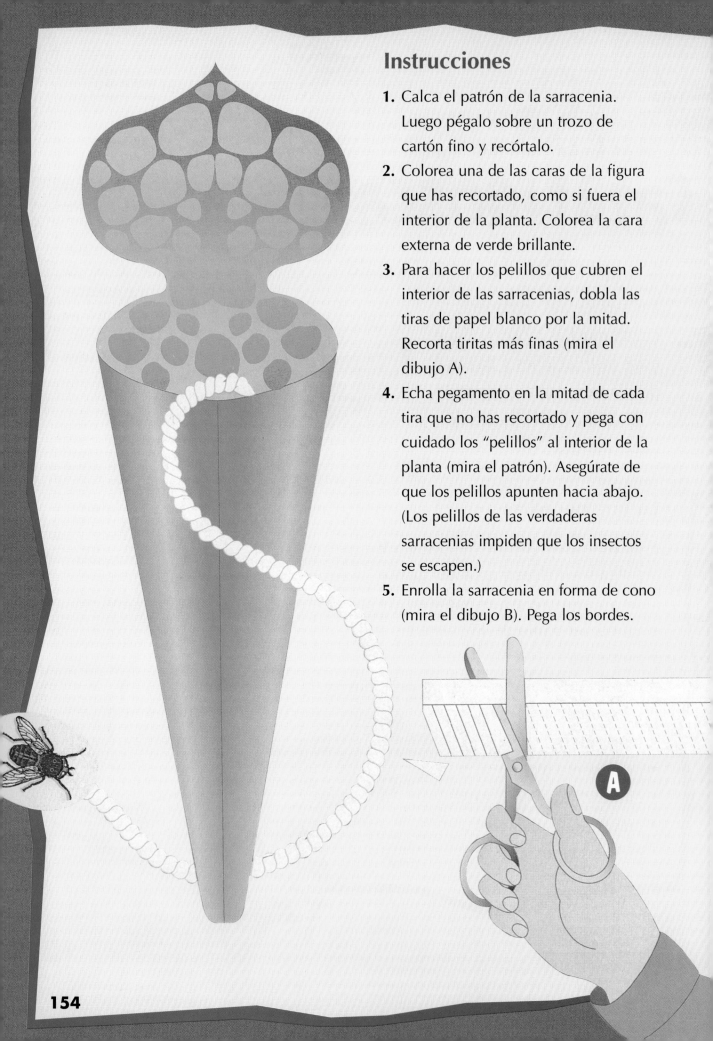

Instrucciones

1. Calca el patrón de la sarracenia. Luego pégalo sobre un trozo de cartón fino y recórtalo.

2. Colorea una de las caras de la figura que has recortado, como si fuera el interior de la planta. Colorea la cara externa de verde brillante.

3. Para hacer los pelillos que cubren el interior de las sarracenias, dobla las tiras de papel blanco por la mitad. Recorta tiritas más finas (mira el dibujo A).

4. Echa pegamento en la mitad de cada tira que no has recortado y pega con cuidado los "pelillos" al interior de la planta (mira el patrón). Asegúrate de que los pelillos apunten hacia abajo. (Los pelillos de las verdaderas sarracenias impiden que los insectos se escapen.)

5. Enrolla la sarracenia en forma de cono (mira el dibujo B). Pega los bordes.

6. Une con pegamento o cinta adhesiva un extremo del cordel a la parte frontal de la sarracenia (mira el dibujo B).

7. Calca las figuras de las moscas. Pega cada una en un trozo de cartón, dibuja moscas en cada una, y recórtalas.

8. Pega las moscas, una por delante y otra por detrás, al extremo suelto del cordel. Déjalas secar.

9. ¡Tu sarracenia ya está lista para cazar moscas! Lanza la mosca hacia arriba y trata de meterla en la sarracenia.

10. Cuando te conviertas en un experto cazamoscas, dobla la "tapa" de la sarracenia, de modo que cubra parte de la abertura. (Puedes doblarla con el dedo y sostenerla así un par de segundos). ¡A ver si todavía así la sarracenia es capaz de cazar su cena!

patrón

pega las tiras por aquí

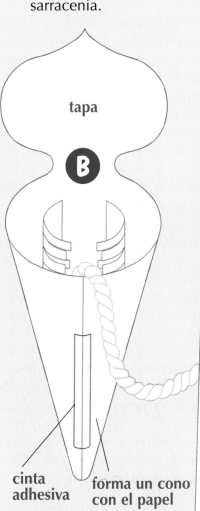

tapa

B

cinta adhesiva

forma un cono con el papel

Realismo y fantasía

- Un **cuento realista** narra algo que podría ocurrir en la vida real.

- Un **cuento fantástico** narra situaciones que podrían ocurrir en la vida real y otras que no.

Lee "Bajo el paraguas", por Christine Widman y "El paraguas travieso", por Daniel Pinkwater.

Escribe

1. En dos columnas tituladas *realista* y *fantástico,* escribe detalles del cuento que indiquen si se trata de un cuento realista o de un cuento fantástico.

2. ¿Cuál de los dos cuentos es realista? ¿Cuál es fantástico? Explica por qué.

BAJO
el paraguas

por Christine Widman

Ashley ve a Rebecca por la calle. Lleva un paraguas amarillo. Parece el sol que Ashley hizo en su dibujo. A ella le gustaría que Rebecca trajera consigo el sol para que pudieran jugar con las muñecas bajo el sauce. Lluvia, lluvia, vete. Ashley quiere jugar.

Ashley saluda a Rebecca.

—Apúrate… entra. Hoy tenemos que jugar adentro.

—No, no. ¡Ven! Vamos a pasear bajo la lluvia.

Ashley se arrima a Rebecca bajo el paraguas amarillo. El aire está húmedo y caliente. Y la acera brilla como una faja de satén.

EL PARAGUAS TRAVIESO

por Daniel Pinkwater

Cuando Roger iba a la escuela y llovía, o parecía que iba a llover, su madre siempre le decía: —Roger, no te olvides del paraguas.

A Roger no le gustaba llevarse el paraguas. Para empezar, era una molestia. Y además, no le gustaba el modo en que se comportaba.

A veces, su paraguas se volteaba sin ningún motivo.

Otras veces, atrapaba una ráfaga de viento, obligando a Roger a caminar de puntillas.

En otras ocasiones, hasta lo alzaba del suelo por completo.

Pero eso no era nada comparado con lo que el paraguas hacía por las noches.

Por las noches se abría solo y comenzaba a brincar por el cuarto. Se abría y cerraba como las alas de un pájaro grande o de un murciélago. Y luego trataba de escaparse por la ventana.

Roger tenía que agarrar el paraguas y luchar con él hasta que, finalmente, lograba encerrarlo en el ropero. Y ni allí metido dejaba de dar brincos y hacer ruido.

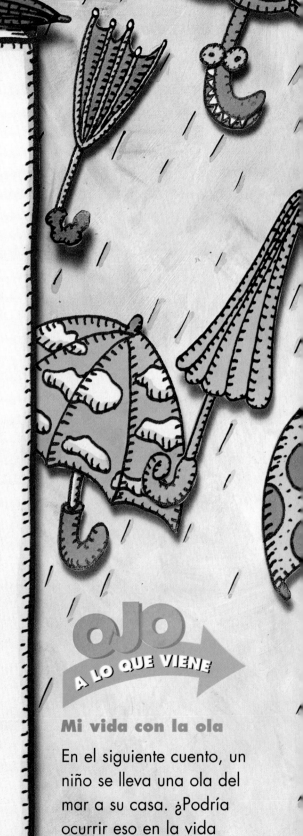

OJO A LO QUE VIENE

Mi vida con la ola

En el siguiente cuento, un niño se lleva una ola del mar a su casa. ¿Podría ocurrir eso en la vida real? ¿Será un cuento fantástico? Lee y averígualo.

Palabras nuevas

espuma	humor	marea
reglamentos	olas	suplicó

Las palabras con significados contrarios, como *frío* y *caliente*, se llaman **antónimos**. Para averiguar el significado de una palabra, busca pistas en oraciones cercanas. La pista podría ser un antónimo.

Mira cómo *alta* te ayuda a averiguar el significado de *baja*.

A la playa

Ayer fui a la playa con mi familia. Las olas llenaban de espuma el mar. Apenas llegué empecé a jugar con las olas. Mi madre me suplicó que tuviera cuidado. Me dijo que los reglamentos indicaban que sólo podía ir más allá de las boyas cuando la marea estaba baja. Pero como estaba alta, tuvimos que esperar. Mi padre estaba de buen humor y nos contó chistes. La pasé muy bien. Esa noche soñé que había una ola en mi cuarto.

Escribe

Usando palabras del vocabulario, escribe cómo sería tener una ola en tu cuarto.

Mi vida con la ola

Basado en el cuento
de Octavio Paz

por Catherine Cowan
ilustrado por Mark Buehner

La primera vez que fuimos al mar me enamoré de las olas. Al momento de irnos, una ola se adelantó entre todas. Cuando las demás trataron de detenerla por el vestido flotante, me agarró de la mano y corrimos por la arena.

Mi padre trató de hacerla regresar al mar, pero ella lloró, suplicó y amenazó hasta que la dejó venir con nosotros.

A la mañana siguiente fuimos a la estación y nos subimos al tren. La ola era alta y esbelta y llena de luz: atraía todas las miradas. Si los reglamentos prohibían el transporte de olas en los trenes, el conductor podría echarla del tren. Así que taza a tacita, cuando nadie miraba, vacié la hielera y ella se escondió dentro.

Cuando llegamos a casa, la ola se apresuró hasta entrar....

Antes era una sola ola. Ahora era muchas. Nuestra casa se llenó de luz y aire; en vez de sombras brillaban reflejos verdes y azules. Su luz barrió el polvo y la oscuridad de los pequeños rincones abandonados. Su risa iluminaba toda la casa y con su sonrisa la conquistaba.

El sol entraba con gusto en las viejas habitaciones y se quedaba en casa por horas. Le gustaba tanto bailar con la ola y conmigo que a veces se le olvidaba irse. Y varias noches, ya tarde, las sorprendidas estrellas lo vieron salir de mi casa, a escondidas.

La ola y yo jugábamos sin parar. Si la abrazaba, ella se erguía alta como el tallo líquido de un árbol. Y de pronto florecía en un chorro que me bañaba de espuma. Si corría hacia ella y no se movía, me envolvía en sus brazos. Me alzaba y luego me soltaba, pero al instante me recogía para bajarme suavemente hasta el piso, como una pluma.

Por la noche, tendidos el uno al lado del otro, contábamos secretos en medio de cuchicheos y risas. Me mecía con sus aguas y cantaba dulces canciones marinas al caracol de mi oído. Ciertas noches brillaba como un arcoiris, y abrazarla era como abrazar un pedazo de noche tatuada de fuego.

Pero se hacía también negra y amarga. A horas inesperadas mugía, suspiraba, se retorcía. Al oírla, el viento del mar venía volando sobre las montañas. Sus gemidos se oían por entre los árboles y se la pasaba arañando las ventanas la noche entera.

Los días nublados la irritaban. Rompió mi tren de juguete, mojó mi colección de estampillas y llenó mi habitación de una espuma gris y verdosa.

Sujeta a la luna, las estrellas y el sol, cambiaba de humor tanto como la marea.

Empezó a quejarse de soledad. Llené la casa de caracolas y conchas, de pequeños barcos veleros, que en sus días de furia lanzaba contra la pared. Entonces le traje una colonia de peces que ella abrazó y con los que pasó jugando largas horas. Esa noche, mientras dormía, los peces adornaron su cabellera con leves relámpagos de colores.

Ahora la ola pasaba todo el tiempo con esos peces y nunca jugaba conmigo. Un día no pude más. Traté de atraparlos, pero se me escapaban entre las manos mientras ella reía y me cubría hasta derribarme.

Vino el invierno. El cielo se volvió gris y la niebla cayó sobre la ciudad. Llovía una llovizna helada. Mi amiga tenía pesadillas. Soñaba con el polo congelado y en convertirse en un gran trozo de hielo, navegando bajo cielos negros en noches tan largas como meses. Ella, en su rincón, aullaba largamente. Llenaba la casa de monstruos que llegaban desde las profundidades…

Mi padre dijo que tendría que marcharse. Mi madre, la pobre, casi había enloquecido. Como nunca pude atrapar a la ola, empacamos nuestras cosas y nos fuimos por un tiempo, abandonándola al frío.

Cuando regresamos, la encontramos congelada, convertida en una hermosa estatua de hielo. Y aunque me partió el corazón, ayudé a mi padre a envolverla en una colcha y llevarla de regreso al mar.

La oscuridad inunda de nuevo la casa. El polvo y las sombras cubren todos los rincones. En mis noches de desvelo pienso en ella. Papá y mamá están contentos de haberse quitado de encima a la mala ola y yo no tengo permitido traer ninguna otra ola a casa.

Pero extraño a mi amiga.

Quizás el año que viene, si vamos a las montañas, me traiga una nube. Las nubes son suaves y mullidas, y nunca se comportarían como una ola.

Conozcamos a los autores

Octavio Paz

El Sr. Paz es uno de los autores más reconocidos del mundo. Nació y vivió en México. Escribió más de 30 libros de poesía y de ensayos, y ganó muchos premios por su escritura incluyendo el prestigioso premio Nóbel. Le fascinaban su país y su cultura.

Catherine Cowan

De niña, Catherine Cowan deseaba capturar una nube en un frasco de mayonesa para llevársela a casa. Decidió escribir su propia versión de *Mi vida con la ola* porque le hacía recordar aquel deseo de su niñez. La Sra. Cowan vive en California con su esposo y seis gatos.

Conozcamos al ilustrador

Mark Buehner

A Mark Buehner le llevó mucho tiempo terminar las ilustraciones para *Mi vida con la ola.* Luego se sintió como los personajes del libro: ¡listo para empacar la ola! Ahora que el libro está terminado, se pregunta cómo sería trabajar con nubes…

Coméntalo

¿Qué lección se puede aprender de este cuento? Explica.

Comprensión de lectura

1. ¿Cómo logra el niño meter la ola en el tren? ¿Qué te dice eso sobre la manera de ser del niño?

2. ¿Cómo cambia la ola a lo largo del cuento? ¿Qué le parecen esos cambios al niño?

3. Las ilustraciones de *Mi vida con la ola* ayudan a narrar el cuento. ¿Cuál es tu ilustración preferida? Explica cómo te ayuda a entender los sucesos y detalles del cuento.

4. Un **cuento realista** describe algo que podría ocurrir en la vida real; un **cuento fantástico** se trata de algo que no ocurre en la vida real. ¿A cuál de estos grupos crees que pertenece *Mi vida con la ola?* ¿Por qué?

5. En un **cuento fantástico** hay cosas que podrían ser realistas. Nombra dos cosas del cuento que podrían ocurrir en la vida real.

Mi vida con la nube

Al final del cuento, el niño decide buscar una nube. Escribe sobre las nuevas aventuras del niño y la nube.

Lección de destrezas

Claves de contexto

- Para averiguar el significado de una palabra, usa pistas o **claves de contexto.**

- A menudo, las **claves de contexto** definen o explican una palabra. Busca estas claves en las oraciones que rodean la palabra.

- Es posible que necesites un diccionario o glosario para averiguar el significado exacto de la palabra.

Lee un fragmento de *Las aventuras de Rufo y Trufo*, por Carmen García Iglesias.

Escribe

1. Después de leer, escribe las palabras *gruñó* y *bufó* en una hoja de papel. Escribe una definición de cada palabra y di cómo lo sabes.

2. Busca las palabras en un diccionario para comprobar las definiciones.

Las aventuras de Rufo y Trufo

por Carmen García Iglesias

Cuando llegó el buen tiempo, decidieron hacer una larga excursión por el tejado. Comieron mucho por la mañana, bebieron agua y dieron algunas carreras de entrenamiento. Saltaron al primer tejado con un poco de miedo, pero enseguida se pusieron a correr tan contentos.

Llegaron a una terraza y se pusieron a tomar el sol. De pronto vieron algo que se movía detrás de una antena, en lo alto del tejado. Por si acaso, volvieron a su casa y se quedaron toda la tarde durmiendo la siesta.

Al día siguiente, mientras tomaban el sol en un tejado, vieron a lo lejos un gato enorme que se acercaba a ellos. Era un gato grandísimo, con los ojos muy azules y cara de pocos amigos. Sin duda les había estado vigilando el día anterior.

—¡Este territorio es mío y no los dejaré pasar por aquí! —les gritó. Y para demostrarles lo fiero que era gruñó, bufó, les enseñó los dientes, erizó el pelo y asomó las uñas. En fin, todas las cosas que hace un gato cuando está furioso. Rufo y Trufo estaban muy asustados.

Entonces Trufo, como era el mayor, se adelantó y le enseñó al gato grande que él también podía enfadarse mucho. A partir de aquel momento comprendieron que los tejados de aquella zona estaban vigilados por el gato grande, y que debían tener mucho cuidado.

OJO
A LO QUE VIENE

Rufo y Trufo cambian de casa

En el siguiente cuento, dos gatos tienen que mudarse. Lee y busca las claves de contexto que te ayuden a entender el significado de palabras que no conozcas.

Palabras nuevas

entendía	escondite	maleta
desorden	maullido	ruido

Las palabras con significados similares, como *bello* y *hermoso*, se llaman **sinónimos**. Para averiguar el significado de una palabra, busca pistas a su alrededor.

La pista podría ser un sinónimo.

Mira cómo *ruido* te ayuda a averiguar el significado de *bulla*.

Un regalo divertido

Mi madre me regaló un gatito. El día que llegó a la casa no <u>entendía</u> lo que pasaba. Soltaba un <u>maullido</u> tras otro. Entre el <u>desorden</u> de mi cuarto encontró un buen <u>escondite</u>. Se metió dentro de una <u>maleta</u> y no salió más. Finalmente se asustó con el <u>ruido</u> de los aviones y vino a mi lado. No le gusta la bulla, pero sé que le gusta mi compañía.

En tus palabras

¿Qué harías para calmar a una mascota que se asusta con los ruidos? Usa palabras del vocabulario.

180

RUFO Y TRUFO CAMBIAN DE CASA
POR CARMEN GARCÍA IGLESIAS

FRÁGIL

Rufo y Trufo eran los dos gatos más felices del mundo. Tenían todo lo que un gato puede desear: un sitio donde vivir, calorcito, comida varias veces al día, camas y sillones mullidos, muchos tejados por los que pasear, y algunas personas que les querían y vivían con ellos en la misma casa.

Si alguien les hubiera preguntado a Rufo y Trufo si querían ir a vivir a otro sitio, ellos hubieran dicho:

—¡Noooooo!

A ningún gato le gusta cambiar de casa. Odian los viajes, las vacaciones, y perder sus rincones y olores conocidos.

Un día, mientras se lavaban para empezar una de esas siestas suyas que duraban toda la tarde, se dieron cuenta de que algo estaba cambiando.

—¿Te has fijado en que cada vez hay más cajas en esta casa? —dijo Trufo a su amigo.

—¡Sí, y me encanta! Me gusta mucho jugar a esconderme en ellas, arañar los cartones y dar sustos.

Se empezaron a reír recordando uno de los últimos sustos.

Rufo se había metido en una caja muy alta que estaba junto a la puerta del salón. Nadie le había visto esconderse allí, y ya llevaba un buen rato.

Trufo dormía en el alféizar de la ventana y no se había dado cuenta de dónde estaba su amigo. Cuando se despertó, empezó a buscar a Rufo. Buscaba por toda la casa, pero no había ni rastro.

FRÁGIL

Pensó que quizá había salido a dar un paseo; recorrió todos los tejados, se metió en algunas casas abandonadas, pero lo único que consiguió fue ensuciarse tanto que casi se le borraron las rayas.

Entró de nuevo en la casa, triste, y cuando pasaba al lado de la puerta del salón…

¡ZAS!

El pobre gato estaba realmente asustado. Era como si algo desconocido le hubiera caído del techo.

Después le saltó sobre el lomo, le mordió una oreja y salió corriendo.

Aún estaba intentando comprender lo que había pasado cuando oyó risas que venían de la cocina.

Allí estaba Rufo, tirado por los suelos de tanto como se reía.

—¡Ja, ja, ja… qué susto le he dado!, ¡qué cara ha puesto! ¡Ja, ja, ja…!

Entonces Trufo comprendió que quien le había caído encima era Rufo, que había salido disparado de la caja donde estaba escondido.

Al gato blanco le había gustado tanto la broma que se la gastaba a todo el mundo, y cualquiera que pasara cerca de alguna caja podía notar de repente una patita que le arañaba o le tocaba un brazo.

Así pasaron los días, hasta que las cajas ocuparon buena parte de la casa.

—A mí ya no me gusta vivir aquí, porque con tantas cajas no se puede correr por el pasillo —decía Trufo muy triste.

—En cambio, a mí me encanta; las he arañado todas y me he afilado bien las uñas en todos los cartones. Además, en las más grandes hay matas y jerseys muy mulliditos para dormir encima —decía Rufo.

—Sí, pero yo no entiendo lo que está pasando aquí.
Es algo muy raro —se quejaba Trufo.

—Yo creo que todos se han vuelto locos y están
metiendo la casa en cajas.

—Sí, ¿y para qué?

—Ah, no sé; pero sólo quedan los muebles vacíos y las
cajas. A lo mejor es una nueva forma de decorar la casa.

—¡Cómo!, ¡llenándola de cajas y confundiendo nuestros
olores? Ya no encuentro ni la cubeta, ni los platos de comida,
ni mis mantas preferidas —dijo muy enfadado Trufo—. ¿Tú
crees que eso es decorar la casa?

Rufo se reía, porque a él todo aquel desorden no le
importaba nada.

Una mañana muy temprano, cuando los gatos aún dormían totalmente estirados encima de una cama, llamaron al timbre; y al abrir, entraron unos hombres muy serios que traían más cajas, cestas grandes y baúles.

Los dos gatos se encogieron de miedo al ver aquello. Rufo, que era el más temeroso, se escondió debajo de la cama, en el rincón más oscuro, y sólo se veían sus ojos bien abiertos.

—Tú espera aquí, que yo voy a inspeccionar —dijo Trufo, mientras se estiraba y se preparaba para ver lo que estaba pasando.

Trufo se asomó con cuidado y vio que en las habitaciones iban desapareciendo los muebles; su sofá preferido ya no estaba, ni las sillas de madera donde se afilaba las uñas, ni el mueble de cajones donde a Rufo le gustaba esconderse. Y no entendía nada.

Decidió volver al lugar donde se había quedado su amigo
y contarle lo que había visto. Pero Rufo ya no estaba allí.

—¡Rufo, Rufo! ¿Dónde estás? —gritaba.

Pero Rufo no aparecía por ningún sitio.

"Voy a mirar por los tejados a ver si es que se ha ido
a dar un paseo", pensaba Trufo.

Pero aunque miró bien y revisó los rincones favoritos
de su amigo, allí no estaba.

El pobre Trufo iba de un lado para otro, triste, muy
triste, sin saber cómo encontrar a su amigo. Ni siquiera le
daban de comer.

Al final, con tantos problemas Trufo no pudo más y se
echó a llorar. Su maullido era tristísimo. Así estuvo un buen
rato, hasta que al fin se dieron cuenta de que tenía hambre
y le pusieron comida en un platito.

Rufo tampoco vino a comer, y eso sí que era raro, porque
era un gatito muy comilón y siempre dejaba limpio su plato,
lo lamía y lo lamía hasta que parecía que lo había fregado.

Trufo tomó una decisión muy importante: salió a los tejados, se puso en el más alto y empezó a maullar muy fuerte, todo lo fuerte que pudo, para que le oyeran todos los gatos de los alrededores. Poco a poco empezaron a aparecer gatos de todos los tamaños y colores: gatos grandes, pequeñitos, negros, grises, rayados, de manchas, gatas madres con sus hijitos… Los tejados estaban llenos de gatos; todos esperaban lo que tenía que decirles Trufo.

—Queridos amigos: se ha perdido el gatito Rufo, que vive conmigo en esta casa.

—Yo no conozco a ese gato —dijo una preciosa gata de angora.

—¡Sí, yo sí! —contestó otro gato—; es blanco, con manchas negras, y hace tiempo entre él y su amigo Trufo echaron de este barrio al gato gordo.

Todos se miraban y comentaban, pero ninguno había visto a Rufo.

Volvió a la casa y estaba vacía. Sólo quedaba una extraña caja en un rincón. Tenía una puertecita. Como los gatos son tan curiosos, Trufo no iba a ser menos y se metió a mirar.

Entonces le cerraron la puertecita y lo cogieron como si fuera una maleta.

"¿Dónde me llevarán?", pensaba Trufo, "y además me llevan a mí solo, sin Rufo".

Empezó a maullar muy fuerte. Se le oía por todos los tejados. Algunos gatos se asomaron para ver qué pasaba y le decían:

—Adiós, Trufo; ¿dónde vas?

—No lo sé —gritaba él.

Y seguía maullando mientras bajaban la escalera y cuando iban por la calle. Trufo, que nunca había salido a la calle, no sabía qué pensar de los coches, del ruido y de las otras personas que pasaban a su lado.

Subieron a un coche y Trufo se enfadó mucho. No le gustó nada aquello, así que empezó a morder la cerradura de su jaula hasta que consiguió abrirla. Entonces salió y se quedó escondido sin moverse. ¡Cómo iba a moverse si estaba muerto de miedo!

Cuando se paró el coche y se abrieron las puertas,
Trufo decidió salir de su escondite y seguir a las personas.
Por fin entró a un piso, y entonces comprendió que ya
nunca volvería a su antigua casa. Empezó a oler con cuidado
por los rincones y encontró de nuevo sus sillones favoritos,
su cama, sus platos de comer… La casa tenía un olor
nuevo que no le gustaba (a los gatos no les gusta nada las
novedades); sin embargo, también había olores conocidos
que le encantaban.

Pensó en su amigo Rufo, y estaba a punto de llorar
cuando oyó una vocecita conocida:

—¡Al fin, al fin has llegado! Creía que me habían traído
a mí solo y que no te volvería a ver!

Era Rufo.

Había que ver el abrazo que se dieron los dos gatos.
¡Qué alegría! Ellos que creían que ya no se volverían a ver
más, y allí estaban juntos otra vez y más felices que nunca.

—Pero, ¿dónde te habías metido? —preguntó Trufo. Rufo entonces le contó la historia.

—Pues mira —dijo—: como me gusta tanto meterme en las cajas para dar sustos, me metí en una de las más grandes y estuve esperando a que pasaras. Pero de repente noté que cerraban de golpe aquella caja, y aunque yo maullaba y arañaba el cartón, nadie me quería sacar. Entonces me llevaron en un coche y me trajeron aquí. Grité mucho, porque yo quería volver a la otra casa; arañé las ventanas para salir, también arañé algunos muebles para protestar, y arañé a todos los que se me acercaban, pero al final decidí que era mejor mirar por la casa a ver si encontraba algo bueno.

—¿Y has encontrado algo?

—Sí. Aquí no hay tejados como en la otra casa, pero tenemos una terraza tan grande que podemos hacer carreras. ¡Ven, vamos a verla!

Salieron a la terraza y dieron varias carreras para probarla.

—Está bien —dijo Trufo—. Yo creo que en esta casa también se puede vivir; y además, estar juntos es lo mejor que nos puede pasar.

Carmen García Iglesias (y Rufo)

A Carmen García Iglesias siempre le gustó dibujar. Cuando era pequeña dibujaba barcos; ahora ilustra cuentos y algunas veces también los escribe.

Los cuentos de Rufo y Trufo son historias verdaderas de dos gatos que han vivido con ella desde hace muchos años. La señora García Iglesias vive en España con sus tres hijos, varios hámsteres y pájaros y un conejillo de Indias. Todos ellos le sirven de inspiración para escribir y dibujar sus cuentos.

Reacción del lector

Coméntalo

¿Cómo sabes que Rufo y Trufo van a cambiar de casa? ¿Qué cosas prepararías tú si tuvieras que mudarte de casa?

Comprensión de lectura

1. Según el cuento, ¿qué cosas les gustan a los gatos? ¿Qué cosas no les gustan? ¿Crees que la escritora alguna vez ha tenido un gato? ¿Por qué?

2. Describe las diferencias entre Rufo y Trufo.

3. ¿Cómo crees que se sentirán Rufo y Trufo en su nueva casa dentro de seis meses? ¿Por qué?

4. En la página 195, la autora describe una reunión de gatos. Usa **claves de contexto** para decidir si "rayados" significa "cortados en pedacitos" o "a rayas". Explica por qué.

5. En la página 196, aparecen estas frases: "Sólo quedaba una extraña caja en un rincón", y "y además me lleva a mí solo, sin Rufo." Usa **claves de contexto** para averiguar cuál es la diferencia entre "solo" y "sólo".

¿Dónde está Rufo?

Haz un cartel de "Se busca" para un gato que se haya perdido. Hazle un dibujo o pon una foto del gato y descríbelo.

Hechos y opiniones

- Un **hecho** es algo que puede comprobarse como cierto o falso.

- Una **opinión** es lo que alguien piensa o cree. A veces se tienen buenas razones para pensar así y a veces no.

- Las palabras que expresan pensamientos o sentimientos indican que hay una opinión. Busca palabras como *creo, me gusta* o *debería.*

Lee "Tiburones", por Don C. Reed.

En tus palabras

1. Busca un hecho que aparezca en el artículo. Coméntalo con un compañero o compañera.

2. ¿Qué opinión tiene el autor de los tiburones? ¿Cómo sabes que es una opinión?

TIBURONES

por Don C. Reed

Es tan común encontrar tiburones en el mar como gorriones en el cielo. Los tiburones viven en todo tipo de aguas: desde las aguas tropicales más cálidas hasta las profundidades más heladas. El tiburón de Groenlandia vive bajo las enormes capas de hielo del Ártico.

Cuando trabajaba de buzo en un acuario de California, pasé 11,000 horas sumergido, a menudo en compañía de tiburones.

Me gustan los tiburones. Creo que vale la pena salvarlos. Como depredadores, contribuyen al mantenimiento de la pirámide

ecológica. Se comen los peces enfermos o débiles por ser presa fácil, lo cual evita la propagación de enfermedades y con eso la desaparición de cardúmenes enteros. De ese modo ayudan a otras especies a sobrevivir y al mismo tiempo protegen nuestro suministro de pescado. El pescado es una fuente alimenticia importante para el ser humano, y además se utiliza para alimentar al ganado y las gallinas.

Los tiburones constituyen una buena fuente de alimento porque no tienen espinas (su esqueleto está compuesto de cartílago.) Si los comemos en número reducido, no los ponemos en peligro de extinción.

OJO A LO QUE VIENE

Peligro ¡Icebergs!

En la siguiente selección, descubrirás muchos hechos y algunas opiniones sobre los icebergs. Fíjate en palabras que te indiquen cuáles son opiniones.

Palabras nuevas

alerta   derrite   desprende
estruendo   miles

Muchas palabras tienen más de un significado. Para saber cuál se usa en la oración, busca pistas en las demás oraciones.

Lee el siguiente párrafo. Decide si *pies* significa "medida de longitud" o "parte del cuerpo humano."

El diario de un marinero

Mi trabajo consiste en divisar icebergs. Tengo que estar <u>alerta</u>, porque si uno de ellos se <u>desprende</u> puede romper la proa de nuestro barco y hundirnos en medio de un gran <u>estruendo</u>. Los icebergs llegan a medir <u>miles</u> de pies. Cuando el hielo se <u>derrite</u>, en el se forman agujeros donde a veces se esconden las focas. Me gusta el paisaje de icebergs, pero en su tranquilidad esconde peligro.

Escribe

Un iceberg flota enfrente del barco. Escribe qué pasará. Usa palabras del vocabulario.

PELIGRO

¡¡ICEBERGS!

por Roma Gans

Año tras año nieva en el norte. Nieva en Alaska, en Canadá, en Siberia y en Groenlandia. También nieva en el Polo Sur, en la Antártida, donde viven los pingüinos.

Incluso durante el verano hace frío en esos lugares y por eso la nieve no se derrite. A lo largo de miles de años, la nieve se ha concentrado hasta convertirse en hielo. En algunos lugares, el hielo alcanza tres millas de profundidad. A esa enorme capa de hielo se le llama glaciar.

A medida que el hielo del glaciar se hace cada vez más grueso, va adentrándose en el mar.

La fuerza con que las olas chocan contra el glaciar abre en él profundas grietas y cuando finalmente un pedazo de hielo se desprende del glaciar, se produce un ruido atronador. Ese enorme pedazo de hielo se llama iceberg.

Todos los años se desprenden miles de icebergs de los glaciares. Algunos de ellos son muy grandes y parecen montañas relucientes. Otros parecen grandes edificios. Otros son tan anchos y planos que se podría construir una ciudad sobre ellos.

Los icebergs se separan lentamente de los glaciares, desplazándose sólo a tres o cuatro millas por hora. Nosotros caminamos más rápido que los icebergs. Las corrientes marítimas los van conduciendo hacia aguas más cálidas. Algunos icebergs tardan tres o cuatro años en derretirse del todo.

A veces se juntan varios icebergs y forman un banco de hielo que parece una ciudad flotante.

En ocasiones, un iceberg se inclina hacia un lado y hasta se da vuelta. Si toca entonces el fondo del mar, se desgastarán los bordes que sobresalen. A veces se desprenden pequeños icebergs de los icebergs más grandes.

Los marineros solamente ven la punta de los icebergs. Sólo una octava parte de un iceberg flota sobre la superficie del mar. Las otras siete octavas partes permanecen sumergidas. La parte sumergida es muy ancha y profunda y, a veces, tiene bordes muy puntiagudos. Por seguridad, los barcos se mantienen alejados de los icebergs, incluso de los más pequeños.

Cuando el hielo se derrite o se desprende al rozar con el fondo del mar, se forman en los icebergs agujeros donde a veces se esconden las focas y los osos polares. Algunas focas han nacido en ellos, y se oyen sus gañidos y ladridos.

En los icebergs también se forman burbujas de aire que, al reventar, causan un fuerte estruendo que se oye en los alrededores.

Hace cientos de años, valientes marineros cruzaban el Atlántico en barcos de madera. Vigilaban las aguas día y noche. No tenían ni telescopios ni radios para orientarse. Trataban de apartarse de los icebergs, pero a pesar de la constante vigilancia a veces los barcos chocaban contra ellos y se hundían.

Hasta los barcos más modernos y resistentes han chocado contra icebergs. Uno de esos accidentes ocurrió en abril de 1912. Un barco llamado *Titanic* zarpó de Inglaterra en su primer viaje. *Titanic* significa "*grande.*" Éste era el barco más grande y hermoso que jamás se había construido. Ninguna tormenta ni ningún iceberg podía hundirlo o, al menos, eso se creía.

El *Titanic* zarpa de Inglaterra en 1912.

Después de cuatro días de navegación sin incidentes,
el capitán E. J. Smith recibió mensajes radiofónicos
alertándole de la existencia de icebergs, pero no se detuvo.

Después recibió otra llamada de alerta, pero entonces
ya era demasiado tarde. Se produjo una sacudida y una
enorme colisión. El *Titanic* había chocado contra un
iceberg. Las costuras del casco metálico del barco
comenzaron a ceder.

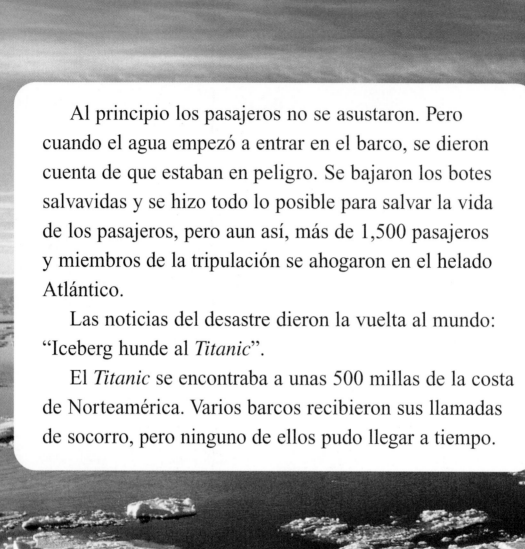

Al principio los pasajeros no se asustaron. Pero cuando el agua empezó a entrar en el barco, se dieron cuenta de que estaban en peligro. Se bajaron los botes salvavidas y se hizo todo lo posible para salvar la vida de los pasajeros, pero aun así, más de 1,500 pasajeros y miembros de la tripulación se ahogaron en el helado Atlántico.

Las noticias del desastre dieron la vuelta al mundo: "Iceberg hunde al *Titanic*".

El *Titanic* se encontraba a unas 500 millas de la costa de Norteamérica. Varios barcos recibieron sus llamadas de socorro, pero ninguno de ellos pudo llegar a tiempo.

El mapa muestra el lugar del choque y la ruta que el *Titanic* siguió en su viaje.

215

El iceberg que hundió al *Titanic* no era muy grande. Los sobrevivientes del desastre dijeron que la cima del iceberg estaba a unos 100 pies sobre el agua. Bajo el agua quedarían unos 500 pies. Medía aproximadamente 1,000 pies de ancho. El iceberg se había desprendido de un glaciar de Groenlandia, en la bahía de Baffin. Durante tres años se había desplazado lentamente hacia el sur del Atlántico, junto a otros icebergs aún más grandes.

Después del hundimiento del *Titanic*, el iceberg continuó su trayecto. Comenzó a derretirse al entrar en aguas más cálidas. Se llenó de agujeros y se dividió en varios pedazos. Cada vez se fue haciendo más pequeño. El último pedazo del iceberg desapareció meses después de la tragedia.

Todos los años se desprenden nuevos icebergs de los glaciares. Hay miles flotando en los océanos y mares por los que navegan los barcos. Pero sólo a este iceberg se le ha llamado "El Iceberg".

Hoy en día los barcos, además de telescopios y radios, cuentan con aviones, radares, guardacostas y satélites para localizar los icebergs. Así los tripulantes ya no se ven amenazados frente a su presencia.

El iceberg que causó la muerte a más de 1,500 personas —y destruyó tres años de trabajo intenso en la construcción del *Titanic*— provocó el peor accidente marítimo de la historia. Incluso hoy día, todos los que navegan por el mar saben que deben evitar los poderosos icebergs.

Roma Gans

Roma Gans comenzó a escribir cuentos para niños cuando ya era mayor. Antes de comenzar a escribir fue maestra y profesora de universidad. Escribió *Peligro ¡Icebergs!* cuando tenía ochenta y dos años.

La actividad favorita de la Sra. Gans era ver a los niños aprender. Mientras escribía, siempre pensaba en los niños que iban a leer sus libros. "Escribo y trato de imaginar la cara de los niños que leen lo que escribo", dijo. ¡Adoraba a los niños!

La Sra. Gans escribió también otros libros que tal vez te gusten, como *How Do Birds Find Their Way Home?* ("¿Cómo encuentran los pájaros el camino a casa?") y *Let's Go Rock Collecting* ("Vamos a buscar piedras").

Coméntalo

¿Qué sensación crees que debe producir ir en un barco y ver un iceberg? Explica tu respuesta.

Comprensión de lectura

1. La autora habla sobre el tamaño de los icebergs de distintas maneras. Usa numeros, adjetivos y comparaciones. ¿Cuál de estas maneras te da una idea más exacta del tamaño de un iceberg? Explica tu respuesta.

2. Los icebergs son mucho más grandes de lo que aparentan a simple vista y por eso son tan peligrosos. ¿Por qué los icebergs se ven más pequeños de lo que en realidad son?

3. ¿En qué se diferencia un iceberg de otros peligros naturales, como los huracanes o los terremotos?

4. ¿Cuál de estas oraciones es un **hecho?** ¿Cuál es una **opinión?**

   • El *Titanic* fue el barco más hermoso que jamás se construyó.

   • Cuando se construyó, el *Titanic* era el barco más grande que se había construido hasta entonces.

5. Escribe un **hecho** sobre los icebergs. Luego, escribe una **opinión.**

Descripciones con hielo

Escoge una de las ilustraciones de la selección. Descríbela escribiendo unas cuantas oraciones. Ten en cuenta el tamaño, el color y la forma. Escribe un título para tu descripción, como "El iceberg de la página _____ ".

Idea principal y detalles de apoyo

- La **idea principal** es la idea más importante de un párrafo. A veces la idea principal aparece en el párrafo.

- Los **detalles de apoyo** son datos que aparecen en el párrafo y amplían la idea principal.

Lee "Formas y tamaños de las aves marinas", por Anthony Wharton.

Escribe

1. Con un compañero o compañera, escribe la idea principal de cada párrafo. Escribe cada idea en una hoja distinta.

2. Decide cuáles son los detalles que apoyan la idea principal de cada párrafo y escríbelos debajo de ella. Comenta lo que hayas escrito con otras parejas.

Formas y tamaños de las aves marinas

por Anthony Wharton

El cuerpo de muchas aves marinas, como los albatros, los pingüinos y los pelícanos, es muy robusto. El de otras aves, como las golondrinas de mar o los petreles, es más delgado. Sin embargo, todos son muy aerodinámicos.

El tamaño de las aves marinas varía mucho, lo cual nos ayuda a identificar las distintas especies. La menor de todas, el pequeño petrel de las tempestades, mide apenas 13 cm (5 pulgadas), o sea

frailecillo

alcatraz

cormorán

menos de lo que mide el pico de muchos albatros. Las alas de los albatros más grandes llegan a tener una envergadura de más de 360 cm (12 pies) y los pingüinos emperadores llegan a pesar hasta 40 kg (88 libras).

El pico de las aves marinas también varía y sirve para distinguir las diferentes especies. Por ejemplo, casi todos sabemos distinguir un frailecillo fijándonos en su pico triangular y de colores vistosos. También los pelícanos son fáciles de reconocer gracias a su pico en forma de bolsa, en el que caben hasta 13.5 litros (3.5 galones) de agua.

pelícano

gaviota del Pacífico   gaviota de cabeza negra

OJO A LO QUE VIENE

Las noches de los frailecillos

En la siguiente selección, una niña y sus amigos rescatan a unas crías de frailecillo. Lee y busca los detalles sobre cómo lo logran.

Palabras nuevas

acantilado   buscando cartón
subterráneos polluelo   rescate

Las palabras que se escriben y pronuncian igual pero que tienen diferente significado, se llaman **homónimos**. Para saber con qué significado se está usando una palabra, busca pistas en la oración.

Lee el siguiente párrafo. Decide si *patas* se refiere a "la pierna de los animales" o a "la hembra del pato."

Rescate de aves

Empezamos la operación de rescate en la playa buscando aves que se hallaban en peligro. Buscamos por el acantilado y en los escondites subterráneos. Hallamos unos frailecillos perdidos. Los pusimos en una caja de cartón y llevamos a cada polluelo hasta el mar. Tienen patas cortas, pero son lindos.

En tus palabras

¿Qué harías si encontraras un animal perdido? Usa palabras del vocabulario.

Las noches
de los frailecillos

fotografías y texto de Bruce McMillan

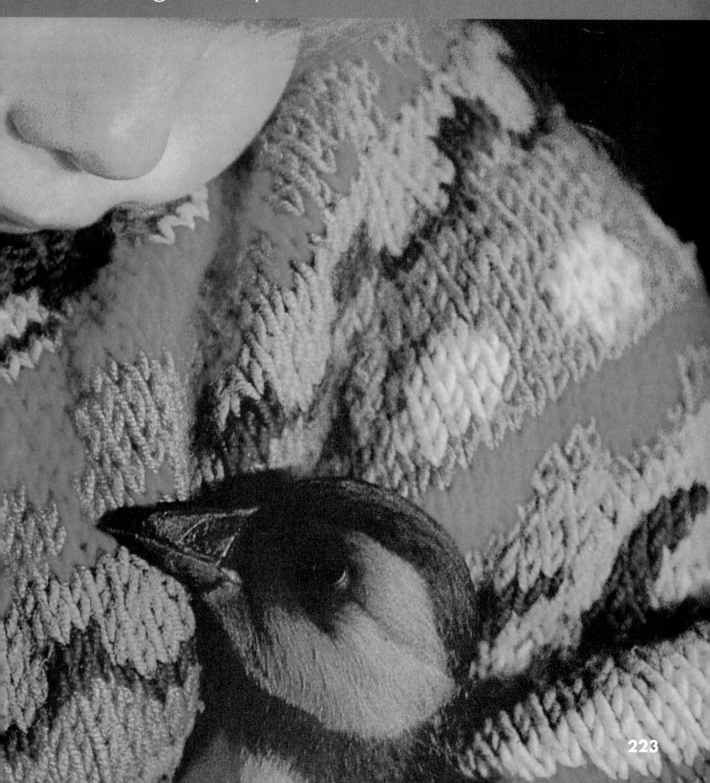

Isla Heimaey, Islandia, abril

Esta niña llamada Halla observa el cielo todos los días.
Desde lo alto de un acantilado divisa el primer frailecillo
de la temporada y murmura: *Lundi,* que significa
"frailecillo" en islandés.

De pronto, el cielo se llena de pájaros: frailecillos y más frailecillos por todas partes. Millones de estas aves regresan después de pasar el invierno en el mar. Regresan a la isla donde vive Halla y a las islas deshabitadas de la zona para poner huevos y cuidar a sus polluelos. Es la única temporada que pasan en tierra.

Mientras Halla y sus amigos van a la escuela del pueblo que está al pie de los acantilados, los frailecillos siguen llegando. Año tras año, estos "payasos marinos" regresan a los mismos nidos subterráneos. Una vez allí, los preparan. Todos los niños y niñas de Heimaey esperan y sueñan con la llegada de las noches de los frailecillos.

Los fines de semana, Halla y sus amigos suben a los acantilados para observar a las aves. Desde allí ven a las parejas de frailecillos tocándose el pico: *tic-tic-tic*. Cada pareja va a encargarse muy pronto del cuidado de un huevo. Y de ese huevo, que estará bien escondido en las grietas del acantilado, saldrá un polluelo. Ese polluelo se convertirá en un frailecillo joven. Y entonces ese frailecillo emprenderá su primer vuelo. Las noches de los frailecillos pronto llegarán.

En el verano, Halla juega en el agua fría del mar,
mientras los frailecillos chapotean en las olas. El mar
que llega hasta el acantilado se llena de frailecillos que
flotan entre las olas. Al igual que Halla, muchos de los
frailecillos que van sobre las olas a la orilla, son jóvenes.
Los mayores se alejan un poco más, donde la pesca es
mejor. Los frailecillos adultos tienen que atrapar muchos
peces, porque durante el verano tienen que alimentar
a sus crías.

Arnar Ingi, un amigo de Halla, espía en silencio el vuelo de un frailecillo. *"Fisk"*, susurra él mientras lo observa regresar con el pico lleno de peces.

Los polluelos ya han salido del cascarón, y sus padres les traen peces para alimentarlos. Todavía faltan unas semanas para la llegada de las noches de los frailecillos, pero Arnar Ingi ya está pensando en preparar algunas cajas de cartón.

Halla y sus amigos nunca ven los polluelos, porque siempre están escondidos en los largos y oscuros túneles de sus nidos. Solamente sus padres los pueden ver. Pero cuando los polluelos tienen hambre, Halla y sus amigos los oyen pedir comida: *pío-pío-pío*. Los polluelos tienen que comer para crecer. Sus padres tienen que alimentarlos, en ocasiones hasta diez veces al día, llevándoles muchos peces en el pico.

Durante todo el verano, los frailecillos adultos se dedican a pescar y a cuidarse las plumas. En agosto, una alfombra de flores llamadas *baldusbrá* cubre sus nidos. Cuando las *baldusbrá* florecen, Halla sabe que la espera ha terminado. Los polluelos escondidos ya son frailecillos jóvenes, y están listos para volar y por fin aventurarse a la noche. Llegó el momento tan esperado.

Llegó el momento en que Halla y sus amigos sacan sus cajas y linternas para la gran noche. A partir de esa noche, y durante las dos semanas siguientes, los frailecillos emprenderán su viaje hacia el mar, donde pasarán el invierno. Halla y sus amigos pasarán la noche buscando a los frailecillos perdidos que no lleguen hasta el agua. Pero los perros y gatos del pueblo también estarán al acecho. Será una carrera para ver quién encuentra primero a los frailecillos perdidos. A las diez en punto, las calles de Heimaey están repletas de niños entusiasmados.

En la oscuridad de la noche, los frailecillos abandonan los nidos para emprender su primer vuelo. Es un viaje corto al que se aventuran batiendo las alas desde los altos acantilados. La mayoría de los frailecillos jóvenes logran llegar a salvo a su nuevo hogar. Sin embargo, otros se confunden porque seguramente piensan que las luces del pueblo son los rayos de la luna reflejados en el agua. Cada noche, cientos de frailecillos se estrellan por todo el pueblo. Incapaces de alzar el vuelo, corretean en tierra firme y tratan de esconderse donde pueden. Pero el peligro los acecha. No sólo deben esconderse de los perros y gatos, sino que también corren el peligro de ser atropellados por carros y camiones.

231

Halla y sus amigos se lanzan al rescate. Equipados con linternas, recorren todo el pueblo. Buscan en los lugares oscuros. Halla grita "frailecillo" en islandés: *"¡Lundi pysja!"* Ya vio uno. Cuando éste sale de su escondite, Halla lo persigue, lo recoge y lo abriga con los brazos. Entretanto, Arnar Ingi logra atrapar a otro. Mientras unos frailecillos ya están a salvo en las cajas, otros van llegando por todas partes. *"¡Lundi pysja! ¡Lundi pysja!"*

Durante dos semanas, los niños y niñas de Heimaey duermen hasta tarde para poder salir por la noche. Rescatan a miles de frailecillos jóvenes. Por todas partes hay frailecillos y también muchos voluntarios para ayudarlos, aunque por instinto los pajaritos les pellizquen los dedos. Todas las noches Halla y sus amigos se llevan a casa los frailecillos que han rescatado. A la mañana siguiente los mandan a su nuevo hogar. Halla se reúne con sus amigos y, con las cajas repletas de frailecillos, van a la playa.

Llegó la hora de soltar a los frailecillos. Halla libera al primero. Lo levanta bien alto para que se acostumbre a mover las alas. Luego se lo acomoda entre las manos y cuenta: "Einn-tveir-ÞRÍR!" mientras lo mece tres veces entre las piernas. El tercer impulso es el más fuerte y sirve para que el pájaro alcance la altura suficiente para adentrarse en el mar. Como es su segundo vuelo, sólo logra volar una distancia corta antes de caer al mar.

Con el pasar de los días, los frailecillos de Halla se adentran en el mar, y así es como ella dice adiós a las noches de los frailecillos, hasta la próxima temporada. Halla se despide de los últimos frailecillos, jóvenes y adultos, que van a pasar el invierno en el mar. Les desea buen viaje y en islandés les dice: "adiós, adiós", *"¡Bless, bless!"* Hasta la primavera entrante.

Conozcamos al autor/fotógrafo

Bruce McMillan

El papá de Bruce McMillan le regaló una cámara cuando tenía cinco años. Desde entonces, el señor McMillan sigue tomando fotografías. Cuando iba a la escuela secundaria, como no tenía dinero para las fotografías de graduación, tomó sus propias fotografías para intercambiarlas con las de sus compañeros y compañeras. Pero las fotografías resultaron ser un tanto originales.

"Me puse un sombrero de copa y me pinté una barba con carbón; ¡parecía Abraham Lincoln!", recuerda.

Coméntalo

¿Te gustaría participar en el rescate de los frailecillos? ¿Por qué?

Comprensión de lectura

1. Fíjate en la página 228. ¿Cómo sabe Arnar que los frailecillos ya han salido del cascarón?

2. ¿Qué sienten Halla y sus amigos por los frailecillos? Da ejemplos de la selección.

3. ¿Por qué podría ser peligroso ayudar a los frailecillos? ¿Cuándo podría ser arriesgado ayudar a otro animal en peligro?

4. ¿Cuál es la **idea principal** del párrafo de la página 233?

5. ¿Cuáles son los **detalles de apoyo** que amplían esa **idea principal?**

Vengan a Islandia

Trabaja con un compañero o compañera para averiguar cómo es Islandia. ¿Tiene montañas, lagos, grandes ciudades, árboles, volcanes? Haz un comercial de televisión para explicar a tus compañeros y compañeras lo que verían si fueran de turistas a Islandia.

Salvemos las grullas cantoras

por Faith McNulty

Hoy en día, en Estados Unidos se ven grullas cantoras en su refugio invernal en la costa de Texas, cerca de un pueblo llamado Aransas. Generalmente unas cincuenta grullas cantoras pasan el invierno allí. En un buen año, aparecen algunas más, y en un mal año, llegan menos. Son las únicas grullas cantoras en libertad que quedan en el mundo. Son muy pocas; por eso la grulla cantora está en la lista de especies en peligro de extinción.

En su refugio de Aransas las grullas cantoras no van en bandadas, sino que se distribuyen por toda la costa dividiéndose en familias. Por lo general, cada pareja de grullas suele criar un solo polluelo por estación. Si visitaras el refugio, verías a las parejas de grullas con sus polluelos, que nacieron en Canadá el verano anterior. El color de las crías es rosado ladrillo y luego cambia a blanco a medida que van creciendo. Durante el invierno, las grullas alimentan a sus polluelos y les enseñan a buscar su propia comida. En la primavera, las grullas se reúnen en grupos pequeños y alzan el vuelo. Vuelan en círculo, cada vez más alto, y luego emprenden su largo viaje de dos mil doscientas millas hasta Canadá, donde anidarán más tarde.

Hace unos treinta y cinco años, los conservacionistas
(personas que se preocupan por el medio ambiente)
observaron que el número de grullas cantoras iba
disminuyendo poco a poco. Muchas habían muerto
a manos de los cazadores. Cada año las grullas
encontraban menos lugares seguros donde anidar y
cuidar de sus polluelos. Las costas y pantanos donde
pasaban los inviernos se estaban convirtiendo en
lugares demasiado peligrosos.

Año tras año morían más grullas de las que nacían,
o de las que alcanzaban la edad necesaria para tener sus
propias crías. Durante unos años, nadie cayó en cuenta,
ni tampoco se preocupó, de que cada vez hubiera menos
grullas. Cuando la gente se dio cuenta y se preocupó, ya
era casi demasiado tarde para salvarlas. Para entonces,
en la década de 1930, sólo quedaban unas veinte o treinta
grullas cantoras en libertad en todo el mundo. Si no se
hacía algo inmediatamente para protegerlas, pronto
desaparecerían por completo.

Por suerte para las grullas, y para todos los que amamos
la naturaleza, un grupo de personas sí se preocupó por ellas.
El Servicio de Pesca y Vida Silvestre de Estados Unidos
(U.S. Fish and Wildlife Service) compró la tierra de Aransas
y la convirtió en un refugio: un lugar a salvo de los cazadores.

Meteoro

por Elías Nandino

Sobre la mesa
un vaso
se desmaya,
    rueda,
        cae.

Al estrellarse
contra el piso,
una galaxia
        nace.

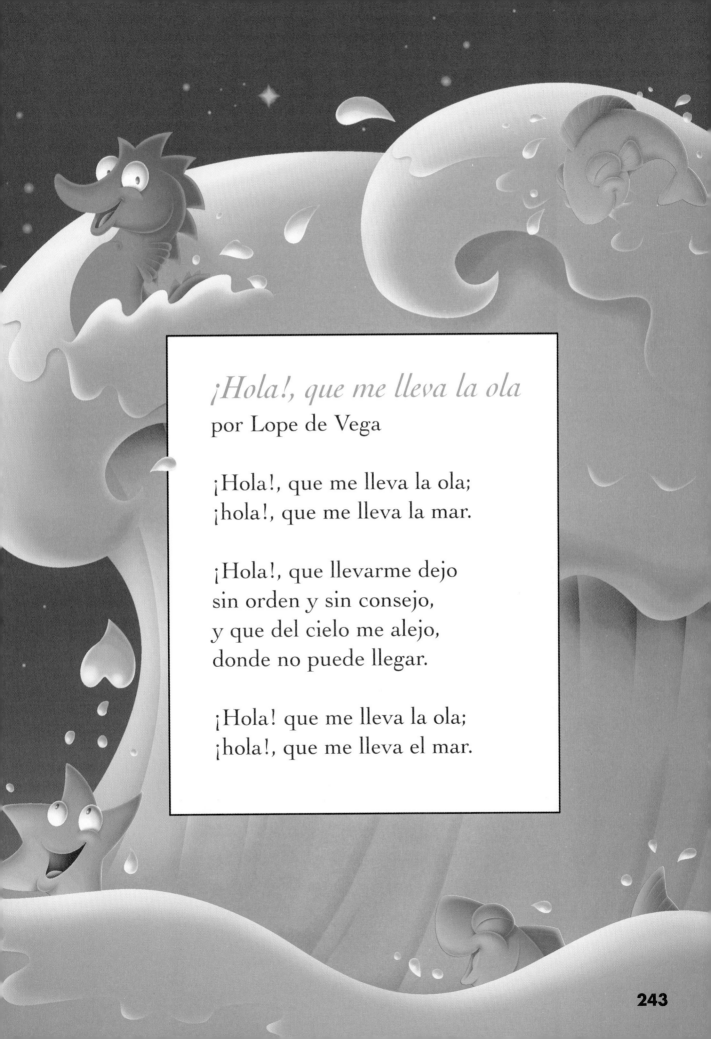

¡Hola!, que me lleva la ola

por Lope de Vega

¡Hola!, que me lleva la ola;
¡hola!, que me lleva la mar.

¡Hola!, que llevarme dejo
sin orden y sin consejo,
y que del cielo me alejo,
donde no puede llegar.

¡Hola! que me lleva la ola;
¡hola!, que me lleva el mar.

Jitomates risueños

por Francisco X. Alarcón

en el jardín
plantamos
jitomates

los vegetales
más felices
de todos

alegres
se redondean
de sabor

risueños
se ponen
colorados

convirtiendo
sus arbustos
alambrados

en árboles
de Navidad
en Primavera

Sandía

por José Juan Tablada

¡Del verano, roja y fría
carcajada,
rebanada
de sandía!

La práctica hace al maestro.

Manos
a la obra

¿Cómo podemos
aprender algo
de todo lo que
hacemos?

Pasos de un proceso

- Seguir los **pasos de un proceso** generalmente significa hacer algo.

- Un proceso es un número de pasos a seguir en un cierto orden, de principio a fin.

- A veces, los pasos de un proceso se muestran con ilustraciones y también con palabras.

Lee "Cómo dibujar un toro", por Ianka De La Rosa.

Escribe

1. Sigue los pasos que se indican para dibujar el toro. Muestra tus dibujos a un compañero o compañera.

2. ¿Te pareció fácil seguir los pasos? ¿Por qué?

Cómo dibujar un toro
por Ianka De La Rosa

Si sigues los pasos que describimos abajo, verás que no es tan difícil dibujar una caricatura o un personaje de historieta. No todas las líneas tienen que ser perfectas. Tu dibujo tendrá su propia personalidad.

1. Dibuja la forma de una bombilla. Añade dos pequeñas líneas verticales para los agujeros de la nariz.

2. Dibuja dos cuernos curvados.

4. Dibuja dos óvalos estrechos para hacer los ojos.

3. Dos óvalos bajo los cuernos forman las orejas.

5. Dos líneas cortas diagonales representan las cejas.

6. ¡Epa! Este personaje necesita un cuerpo: simplemente medio círculo.

7. Díbujale un anillo en la nariz. ¡Bien hecho, caricaturista! Dale un nombre a tu toro y…

8. ¡Cuidado!

Don Bueno y don Malo

En la siguiente selección una mujer lista y su esposo bueno reciben un toro furioso. Lee y mira los pasos que ellos siguieron para resolver su problema.

Vocabulario

Palabras nuevas

avaro	bramando	contrató
feroz	gastar	paga

Muchas palabras tienen más de un significado. Para saber cuál se usa en la oración, busca pistas en las demás oraciones.

Lee el siguiente párrafo. Decide si *compañía* significa "persona que acompaña a otra" o "empresa".

El <u>avaro</u>

Había una vez un finquero que no le gustaba <u>gastar</u> ni un centavo. Una vez <u>contrató</u> a varios hombres para que trabajaran en su finca. Como nunca les dio la <u>paga</u> que merecían, todos se fueron, y el avaro se quedó solo. Ahora su única compañía es un toro <u>feroz</u> que se pasa el día <u>bramando</u>.

En tus palabras

¿Qué cosas tendrías que hacer y cuánto cobrarías por cuidar a un toro feroz? Usa palabras del vocabulario.

Don Bueno y don Malo

por Rolando Hinojosa-Smith
ilustrado por Kevin Hawkes

Don Bueno, como su propio nombre lo indica, era un buen hombre. Al igual que la mayoría de sus vecinos, era muy pobre, pero muy trabajador y muy honesto.

Cuentan los campesinos que en una ocasión, mientras se encontraba trabajando en las tierras de otro hombre, don Bueno se encontró una caja llena de plata, diamantes y oro. El dueño de las tierras juró que el tesoro no era suyo. Sin embargo, don Bueno afirmó que la plata, los diamantes y el oro le correspondían al terrateniente ya que habían sido hallados en sus tierras. Insistió en que el hombre se quedara con el tesoro y no aceptó ni un centavo como recompensa.

Doña Lista era su esposa y, como su propio nombre lo indica, era lista e ingeniosa.

Cuentan los campesinos que doña Lista podía mirar un campo de maíz y calcular no sólo el número total de mazorcas, ¡sino también el número total de granos! En una ocasión doña Lista le había dicho a su marido: —Ya que trabajas tan duro por tan poco dinero, me corresponde a mí ser lista e ingeniosa y gastar nuestro dinero cuidadosamente.

Don Bueno le sonrió indicando que estaba de acuerdo.

Don Malo, como su propio nombre lo indica, no
era bueno. Era avaro y astuto. Era un hombre rico que
poseía muchas tierras, y que siempre trataba de engañar
al que trabajaba para él.

Cuentan los campesinos que por la mañana solía reunir
a todos sus trabajadores, e insistía en que le entregaran sus
relojes para "ponerlos a buen recaudo". Mientras los
trabajadores trabajaban afanosamente en sus campos, él
retrasaba los relojes. Cuando los trabajadores regresaban
cansados, don Malo les mostraba los relojes y les decía
que todavía no era mediodía. Entonces los enviaba de
nuevo a los campos "para que se ganaran la paga del día".

Un día, don Bueno le fue a pedir trabajo a don Malo.
Don Malo, pensando que le sería fácil engañar a don Bueno,
lo contrató de inmediato. Don Malo le prometió a don
Bueno una bolsa de plata por reconstruir los establos de
los caballos, reparar parte del techo del granero, reemplazar
la soga rota del pozo y arreglar una cerca rota. Aunque era
mucho trabajo, don Bueno pensó que la paga era justa
y aceptó con gusto el trabajo.

Don Bueno trabajó muy duro, haciendo todo lo que
don Malo le pedía. Durante los ocho días que pasó en la
hacienda, don Bueno notó la presencia de un toro enorme
de color gris. Era el toro más grande y feroz que jamás
había visto.

Don Malo llamaba al toro "El Rey Gris". El toro le producía mucho orgullo. Cuando se lo mostraba a otros terratenientes y los ojos de éstos se llenaban de envidia, don Malo se sentía feliz.

Pero El Rey Gris le causaba también muchos dolores de cabeza.

En las noches de luna llena a las nueve en punto, el toro
se volvía completamente loco. Era El Rey Gris el que había
derribado los establos de los caballos, destrozado parte
del techo del granero, roto la soga del pozo y el que había
hecho añicos la cerca. Cuentan los campesinos que una
vez el toro estaba tan fuera de sí, que se había lanzado a
la luna llena. La luna se asustó tanto que no volvió a salir
por tres meses.

Don Malo mantenía en secreto el lado salvaje del toro.
Pero doña Lista, que era lista e ingeniosa, había visto el
comportamiento alocado del toro durante las noches de
luna llena. Había llegado a la conclusión de que El Rey Gris
había dañado los establos, el granero, la soga y la cerca.

Cuando don Bueno terminó de hacer todas las reparaciones, fue a ver a don Malo para que le pagara. Pero en lugar de pagarle a don Bueno lo que le había prometido, el avaro y astuto don Malo le dijo que no tenía ninguna bolsa de plata. Con lágrimas de cocodrilo, le dijo que en lugar de la bolsa se llevara su orgullo y su dicha: El Rey Gris.

Don Malo siguió llorando mientras don Bueno se alejaba con el toro. Pero cuando don Bueno y el toro estaban a una buena distancia, don Malo se echó a reír a carcajadas. Sabía que esa misma noche a las nueve saldría la luna llena.

A continuación don Malo se puso a trabajar. Era el día de su cumpleaños y, con la esperanza de recibir regalos caros, había invitado a todos los terratenientes de la zona a una fiesta en su honor. Feliz, sacó las copas de cristal más finas, los mejores platos y las bandejas más caras. Ya no había peligro de que se rompieran esa noche, pues El Rey Gris le pertenecía ahora a don Bueno. Don Malo se rió taimadamente entre dientes, y decidió que al día siguiente iría a ver lo que había quedado de la casa de don Bueno.

Mientras tanto, el honesto y trabajador don Bueno llegó a casa con El Rey Gris. Doña Lista miró el gran toro con espanto. Supo de inmediato que don Malo había engañado a su marido.

—Don Bueno —dijo ella—, este toro es más salvaje que un huracán. Destruirá todas nuestras cosas.

—Pero don Malo no tenía ninguna bolsa de plata —respondió su marido—. Y lloró cuando tuvo que darme El Rey Gris.

Doña Lista pensó por un momento y dijo: —Puede que don Malo llore cuando tiene que dar una bolsa de plata, pero jamás lloraría por deshacerse de El Rey Gris. Pero no te preocupes, querido esposo, no todo está perdido. Tengo un plan para recuperar la paga que te debe.

Doña Lista y don Bueno ataron al Rey Gris a un árbol y entraron a cenar. Doña Lista, siempre lista e ingeniosa, miró su viejísimo reloj y dijo: —Hoy a las nueve habrá luna llena. Iremos a la fiesta de cumpleaños de don Malo y le regalaremos El Rey Gris.

Don Bueno estaba confundido y le dijo a su esposa: —Pero de esa manera don Malo acabará con la bolsa de plata y con el toro, y nosotros nos quedaremos sin nada.

Doña Lista le dijo sonriendo: —Si le devolvemos El Rey Gris, el toro romperá sus copas de cristal más finas, sus mejores platos y sus bandejas más caras. Después, El Rey Gris destrozará de nuevo los establos de los caballos, arruinará el techo del granero, se comerá la soga del pozo y destruirá la cerca.

A lo cual don Bueno repuso: —¿Y qué hacemos si don Malo no acepta nuestro regalo?

—Delante de los otros terratenientes no se atreverá a hacer eso —contestó su mujer—, pues estaría admitiendo que te había engañado para no pagarte.

Don Bueno asintió con la cabeza, salió y desató El Rey Gris. Don Bueno, doña Lista y el toro caminaron hasta la casa de don Malo, llegando justo cuando la luna empezaba a asomarse. Cuando la pareja entró a la fiesta de cumpleaños, saludaron con una reverencia. Dirigiéndose a don Malo con respeto, le regalaron el toro en honor de su cumpleaños.

Todos los terratenientes sonrieron complacidos ante tal muestra de afecto, pero cuando don Malo vio al Rey Gris bramando y dando patadas al suelo, se puso blanco como la leche. Sabía muy bien lo que iba a hacer el toro con sus copas de cristal más finas, sus mejores platos y sus bandejas más caras.

Don Malo se excusó con los terratenientes, y se llevó a la pareja a un lado. Les ordenó que se llevaran el toro, que seguía bramando. Doña Lista se negó. Don Malo, poniéndose de rodillas, les rogó que se marcharan. Pero doña Lista le contestó: —Primero le tienes que pagar a mi marido por ocho días de trabajo duro.

—Vuelve mañana —le aseguró don Malo—. De alguna manera encontraré una bolsita de plata para ti.

Pero doña Lista contestó: —Te va a costar dos bolsas de plata, don Malo, y más te vale que no sean pequeñas. Además, no tienes hasta mañana, ¡tienes hasta que el reloj dé las nueve!

En ese momento eran las nueve menos cinco. El Rey Gris estaba cada vez más agitado y daba bramidos fuertes y terribles.

Los ojos de don Malo se agrandaron como si fueran dos melones. Pegando gritos, entró corriendo a su casa y en un santiamén trajo dos bolsas grandes de plata. Don Bueno y doña Lista le dieron las gracias y, deseándole de nuevo un feliz cumpleaños, se marcharon a casa con el toro.

En el camino, doña Lista miró su viejísimo reloj y vio que eran las nueve menos un minuto. Le sonrió a su marido y, cuando sólo faltaban diez segundos para las nueve, le tapó los ojos al toro con un gran pañuelo oscuro. El Rey Gris, que ya no podía ver la luna, dejó de dar bramidos instantáneamente, y se volvió tan manso como un cordero. Se restregó contra don Bueno y doña Lista, y los siguió a casa como un perrito.

Después de atar al Rey Gris a un árbol, don Bueno y doña Lista entraron a casa a contar lo que habían ganado por ser trabajador y honesto, y lista e ingeniosa.

~·~ Rolando ~·~
Hinojosa-Smith

Contar cuentos es una tradición muy antigua en el Suroeste estadounidense. Mi obra demuestra lo importante que es para mí esa tradición. Recuerdo cuando escuchaba a mis papás y a sus amigos contar cuentos. A veces, cuando hacía frío, me quedaba en la cama y mis papás se turnaban para contarme cuentos. Fui muy afortunado de tener unos padres que entendieran la importancia de contar cuentos.

271

En una ocasión escribí un cuento acerca de un personaje bueno y un personaje malo. Al personaje bueno lo llamé don Bueno y al personaje malo lo llamé don Malo. Don Bueno era un hombre con suerte porque su esposa era una mujer muy, pero muy lista, y por eso la llamé doña Lista. La idea del toro, "El Rey Gris", se me ocurrió porque el cuento se desarrolla en una granja, y en las granjas es donde viven los toros, las vacas y muchos otros animales.

Como puedes ver, a la hora de escribir es muy importante saber dónde viven los personajes. Si don Bueno, don Malo y doña Lista vivieran en una ciudad, no habría un toro en el cuento, porque los toros no viven en las ciudades. Así que al situar el cuento en una granja, el toro encaja con lo que sucede en el campo.

Sé que el cuento de don Bueno y don Malo nació de uno de los cuentos que me contaron mis papás, aunque cambié muchas cosas. A veces, cuando me contaban el mismo cuento, cambiaban el nombre de los personajes, sus edades o su procedencia. Eso marcaba la diferencia y convertía el cuento en uno totalmente nuevo. En gran parte, eso es de lo que se trata la tradición de contar cuentos. Además el cuento debe ser interesante y entretenido.

Si a ti te gusta leer, a lo mejor escribas libros algún día. Y las ideas para tus cuentos y libros tal vez salgan de lo que tu familia te haya leído o contado, o también de tus libros favoritos. Leer en voz alta a tus amigos y amigas es buena idea, así tú los ayudas a ellos y ellos te ayudan a ti. Eso es precisamente lo que hacen algunos adultos cuando se reúnen en sus clubes de lectura.

Hay tanto que aprender sobre el mundo que nos rodea, y por eso la lectura es importantísima.

Conozcamos al ilustrador

Kevin Hawkes

Kevin Hawkes pasó los primeros años de su niñez en Francia explorando castillos, bosques y museos.

A sus papás les encantaban los libros. Su mamá siempre le leía cuentos antes de acostarse, y su papá los entretenía durante sus largos viajes en carro con historias de gigantes y dragones. El señor Hawkes usa muchas de esas imágenes en su trabajo de hoy día.

Actualmente el señor Hawkes vive en Maine. Allí trabaja en sus libros ilustrados. Sus pasatiempos favoritos son montar bicicleta, trabajar en el jardín, jugar al fútbol y volar cometas con su esposa Karen y sus tres hijos Spencer, Ian y Jessie.

Coméntalo

¿Cómo te hizo sentir el final del cuento? ¿Por qué?

Comprensión de lectura

1. ¿Por qué crees que don Bueno y don Malo se llaman así? Escribe dos razones para cada uno.

2. ¿Por qué es importante doña Lista en el cuento?

3. ¿Crees que don Malo se comportará de otra manera de aquí en adelante? ¿Por qué?

4. Haz un diagrama de los **pasos** que sigue don Malo para engañar a don Bueno.

5. Haz una lista de los **pasos** que tienen que seguir doña Lista y don Bueno para recuperar el dinero que les debe don Malo.

Represéntalo

Con un grupo de compañeros y compañeras haz una lista de los pasos necesarios para hacer máscaras de don Malo, don Bueno, doña Lista, el toro, la luna llena y los terratenientes. Luego sigan los pasos y hagan las máscaras. Representen varias escenas del cuento.

Resumir

- Un **resumen** describe las ideas más importantes de un cuento o artículo.

- El resumen explica de qué trata el cuento, pero sin entrar en detalles.

Lee "Para atrapar un conejo", por Cynthia Rylant.

En tus palabras

1. ¿Cuál de estos dos resúmenes es mejor, el *A* o el *B?*

A. A la madre de Willie le gusta ver conejos silvestres. Para que ella los vea, Willie siembra una huerta que atraiga conejos.

B. El Día de las Madres, la madre de Willie lo ve en el suelo, bajo el cerezo. Siembra unas semillas y pone letreros para indicar lo sembrado.

2. Explica tu elección.

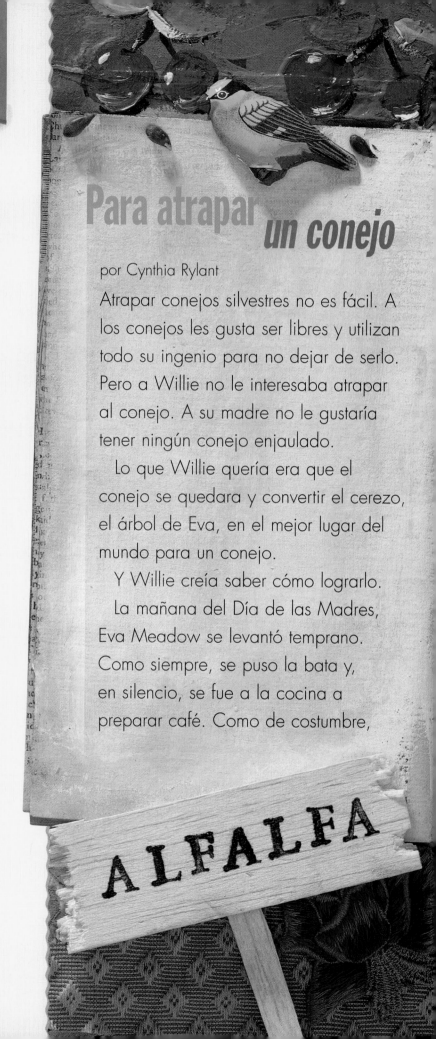

Para atrapar un conejo

por Cynthia Rylant

Atrapar conejos silvestres no es fácil. A los conejos les gusta ser libres y utilizan todo su ingenio para no dejar de serlo. Pero a Willie no le interesaba atrapar al conejo. A su madre no le gustaría tener ningún conejo enjaulado.

Lo que Willie quería era que el conejo se quedara y convertir el cerezo, el árbol de Eva, en el mejor lugar del mundo para un conejo.

Y Willie creía saber cómo lograrlo.

La mañana del Día de las Madres, Eva Meadow se levantó temprano. Como siempre, se puso la bata y, en silencio, se fue a la cocina a preparar café. Como de costumbre,

ALFALFA

miró por la ventana para ver si el conejo silvestre había regresado al cerezo. Deseaba verlo de nuevo.

Pero lo que Eva Meadow vio esa mañana fue mucho más hermoso que un conejo silvestre de color café. Vio a su propio hijo, Willie, arrodillado junto al árbol, desplantador en mano, sembrando unas semillas en la tierra que él mismo había cavado. Por todas partes había colocado letreros que indicaban los distintos tipos de semillas que había sembrado: ALFALFA, ZANAHORIAS, RÁBANOS, LECHUGA.

Eva abrió la puerta que daba al patio.

Willie le sonrió.

—Feliz Día de las Madres, mamá.

SEMILLAS DE ZANAHORIA

OJO
A LO QUE VIENE

Mitad y mitad

En el siguiente cuento, vas a ver cómo una liebre engaña a un oso perezoso. Lee el cuento y trata de resumirlo.

Palabras nuevas

fortuna	socios	negocios
cosechar	listo	engañado
arrancaba		

Las palabras con significados contrarios, como *frío* y *caliente*, se llaman **antónimos**. Para averiguar el significado de una palabra, busca pistas a su alrededor. A veces la pista es un antónimo.

Mira cómo *listo* te ayuda a averiguar el significado de *tonto*.

El conejo demasiado <u>listo</u>

Un oso y un conejo se hicieron <u>socios</u>. Pensaban ganar una <u>fortuna</u> en sus <u>negocios</u>. El conejo sembró zanahorias. El oso dormía mientras el conejo sembraba y <u>arrancaba</u> maleza. Al <u>cosechar</u>, el conejo se llevó todas las zanahorias. El oso, sintiéndose tonto y <u>engañado</u>, juró nunca más hacer negocios con conejos demasiado listos.

En tus palabras

Imagina que eres el oso, ¿qué le hubieras dicho al conejo cuando se llevó las zanahorias? Usa palabras del vocabulario.

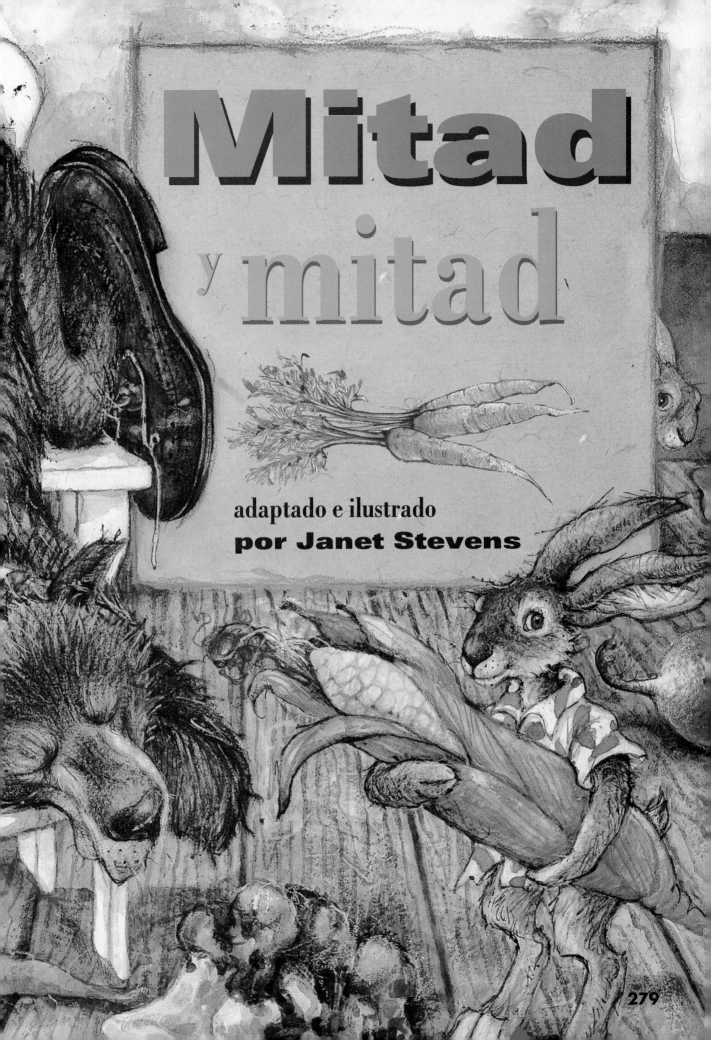

Mitad y mitad

y mitad

adaptado e ilustrado
por Janet Stevens

HABÍA una vez un oso perezoso que tenía mucho dinero y muchas tierras. Su padre había sido un oso muy trabajador, brillante en los negocios, y le había dejado toda su fortuna a su hijo.

Pero lo único que el señor Oso quería hacer era dormir.

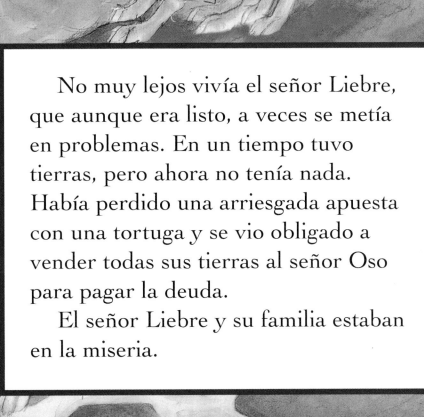

No muy lejos vivía el señor Liebre, que aunque era listo, a veces se metía en problemas. En un tiempo tuvo tierras, pero ahora no tenía nada. Había perdido una arriesgada apuesta con una tortuga y se vio obligado a vender todas sus tierras al señor Oso para pagar la deuda.

El señor Liebre y su familia estaban en la miseria.

—¡Los niños tienen mucha hambre, Papá
Liebre! ¡Tenemos que hacer algo! —exclamó
un día la señora Liebre. Y entre los dos, el señor
Liebre y la señora Liebre hicieron un plan.

Al día siguiente, el señor Liebre salió brincando
a la casa del señor Oso. Y como era de esperarse,
el señor Oso dormía.

—Hola, Oso, ¡levántate! Soy Liebre, tu vecino.
¡Se me ocurrió una idea!

El señor Oso abrió un ojo y gruñó.

—¡Hagámonos socios! —dijo el señor Liebre—. Ese terreno que está frente a tu casa es todo lo que necesitamos. Yo haría el trabajo pesado de sembrar y cosechar, y podríamos dividir las ganancias en partes iguales. Sí, Oso, lo haremos juntos. Yo trabajaré y tú dormirás.

—¿Eh? —dijo el señor Oso.

—Entonces, ¿en qué quedamos? —preguntó el señor Liebre—. ¿La mitad de arriba o la mitad de abajo? Elige tú, ¿la de arriba o la de abajo?

—Aaah, déjame ver... —dijo el señor Oso bostezando—. Tomaré la mitad de arriba, Liebre. Que quede claro: la de arriba.

El señor Liebre sonrió: —Trato hecho, Oso.

Entonces, el señor Oso se volvió a dormir y el señor Liebre y su familia empezaron a trabajar. El señor Liebre sembró la tierra, la señora Liebre la regó y entre todos le quitaron las malas hierbas.

El señor Oso dormía mientras la siembra crecía.
Cuando llegó el tiempo de la cosecha, el señor
Liebre exclamó: —¡Levántate, Oso! Tu mitad es
la de arriba y la mía es la de abajo.

El señor Liebre y su familia sacaron las zanahorias, los rábanos y las remolachas.

El señor Liebre arrancaba lo de arriba y lo tiraba en una pila para el señor Oso. Luego apartaba lo de abajo para él.

El señor Oso miró su pila fijamente:
—Pero Liebre, ¡la mejor parte está en tu mitad!

—Tú elegiste la de arriba, Oso —dijo el señor Liebre.

—Me hiciste trampa, Liebre. Siembra en ese terreno otra vez. Esta temporada, ¡yo quiero la mitad de abajo!

—Trato hecho, Oso —asintió el señor Liebre.

Entonces, el señor Oso volvió a dormirse y el señor Liebre y su familia empezaron a trabajar nuevamente. Sembraron la tierra, la regaron y le quitaron las malas hierbas.

El señor Oso dormía mientras la siembra crecía.
Cuando llegó el tiempo de la cosecha, el señor
Liebre lo llamó: —¡Levántate, Oso! Tu mitad es
la de abajo y la mía es la de arriba.

El señor Liebre y su familia
recogieron lechuga, bróculi y apio. El
señor Liebre separó la mitad de abajo
para el señor Oso y separó la mitad de
arriba en su propia pila.

El señor Oso miró lo que le tocaba
y se enfadó: —Liebre, me engañaste
de nuevo.

—Pero, Oso —dijo el señor Liebre—,
esta vez tú querías la mitad de abajo.

El señor Oso gruñó: —Vuelve a sembrar ese terreno, Liebre. Me has engañado dos veces y me debes una cosecha de ambas mitades: ¡la de arriba y la de abajo!

—Tienes razón, pobrecito —dijo el señor Liebre suspirando—. Es justo que quieras ambas mitades ahora: la de arriba y la de abajo. Trato hecho, Oso.

Entonces, el señor Oso se volvió a dormir y el señor Liebre y su familia empezaron a trabajar. Sembraron, regaron y desyerbaron la tierra una vez más.

El señor Oso dormía mientras la siembra crecía.

Cuando llegó el tiempo de la cosecha, el señor Liebre exclamó: —¡Levántate, Oso! ¡Esta vez te toca la mitad de abajo y la de arriba!

Allí, frente a la casa del señor Oso, se extendía un alto maizal. El señor Liebre y su familia arrancaron todas las plantas. El señor Liebre cortó las raíces de abajo y las flores de arriba, y las amontonó en una pila para el señor Oso. Luego, recolectó cuidadosamente las mazorcas de maíz que estaban entre la mitad de arriba y la mitad de abajo, y las separó para él.

El señor Oso se frotó los ojos y miró.

—¿Ves, Oso? Lo tuyo es lo de arriba y lo de abajo. A mí me toca la parte de enmedio. Sí, Oso. ¡Trato hecho!

El señor Oso estaba ahora muy despierto.

—¡Hasta aquí llegamos, Liebre! —gritó—. De ahora en adelante, yo siembro mi propia tierra, ¡y me voy a quedar con lo de arriba, lo de abajo y lo de enmedio!

El señor Liebre y su familia recogieron el maíz y, brincando, se fueron a casa.

El señor Oso nunca más volvió
a dormirse ni en la siembra ni en la
cosecha de una temporada. El señor
Liebre recuperó su tierra con la ganancia
de las cosechas, y él y su esposa abrieron
un puesto de vegetales.

Y aunque el señor Liebre y el señor Oso aprendieron a convivir como buenos vecinos, ¡nunca más volvieron a ser socios!

Janet Stevens

Janet Stevens lleva mucho tiempo dibujando. Cuando era niña, dibujaba en sus cuadernos y trabajos de la escuela. ¡No a todos los maestros les gustaba! No creía ser tan lista como su hermano o su hermana, pero sabía que era buena para el dibujo.

Cuando Janet Stevens estaba en el tercer grado, no le gustaba leer. Hasta que encontró un libro que la hizo reír y llorar. Así empezó a disfrutar la lectura. Ahora es lectora, escritora y artista.

Janet Stevens nunca pudo tener una mascota porque su familia se mudaba con mucha frecuencia. Así que leía libros sobre animales e imaginaba que sus animales de peluche eran verdaderos.

Hoy día tiene esposo, dos hijos, un perro y tres gatos. Todavía dibuja muchos animales y le gusta exagerar sus personalidades: fíjate en el oso tan dormilón y en el conejo tan activo. Le gusta también vestirlos con zapatos y ropa divertida. La mayoría de los zapatos que dibuja provienen de tiendas de ropa usada y sólo le quedan bien a los personajes de sus libros.

Coméntalo

¿De qué forma ayudan las ilustraciones a contar el cuento? Di qué ilustración es tu favorita y por qué.

Comprensión de lectura

1. ¿Es el señor Liebre justo con el señor Oso? ¿Por qué?

2. Describe la personalidad del señor Liebre en una o dos palabras.

3. Ordena en una tabla los vegetales del cuento según la parte que nos comemos: lo de arriba, lo de abajo o lo del medio. Añade además otros vegetales que comes.

4. Para hacer un **resumen** del cuento, responde a estas preguntas:

   • ¿Qué quiere el señor Liebre?

   • ¿Cuál es su plan para conseguirlo?

   • ¿Consigue el señor Liebre lo que quiere?

5. Para hacer un **resumen** diferente del cuento, responde a estas preguntas:

   • ¿Qué quiere el señor Oso?

   • ¿Cuál es su plan para conseguirlo?

   • ¿Consigue el señor Oso lo que quiere?

Historias de liebres

Cuéntale a un compañero o compañera otro cuento sobre una liebre, como "La tortuga y la liebre" o invéntate uno. Comenta en qué se parece la liebre de tu cuento a la liebre de *Mitad y mitad*.

¿Cuál es la función de la raíz, el tallo y las hojas?

del programa *Ciencias*
Scott Foresman, tercer grado

Las raíces

Fíjate en las raíces de las plantas de la ilustración. Aunque son diferentes, todas tienen la misma función.

Las raíces crecen hacia el interior de la tierra y sujetan la planta al suelo. Las raíces toman agua y minerales del suelo. Los minerales son substancias naturales sin vida que se encuentran en el suelo. Las plantas viven y crecen gracias al agua y a los minerales.

Relacionar lecturas

Leer un artículo de un libro de ciencias

✓ Mira las fuentes gráficas.
Las ilustraciones, leyendas y diagramas te ayudarán a entender mejor la lección.

Enfoca tu lectura

Este artículo de un libro de ciencias te informa sobre la estructura de las plantas. Al leer, piensa cómo el señor Liebre utilizó sus conocimientos sobre las plantas para engañar al señor Oso.

El diente de león tiene una raíz principal que crece hacia abajo, de donde salen raíces más delgadas.

Las raíces delgadas del pasto crecen en muchas direcciones. Pueden llegar a ser tan largas como la raíz principal del diente de león.

El tallo

Casi todas las
plantas tienen
tallo. El tallo sostiene
las hojas, las flores y los
frutos de la planta. La mayoría
de los tallos crecen del suelo hacia
arriba, como el tallo leñoso de la foto.
Algunos tallos, como el de la enredadera,
son delgados y se extienden por el suelo.
Las enredaderas también crecen sobre
árboles y palos.

Ya sabes que las raíces de la planta
toman agua y minerales del suelo. El tallo
tiene pequeños tubos que llevan el agua
y los minerales de las raíces al resto de
la planta. El tallo también lleva el azúcar
fabricado por las hojas a otras partes de
la planta.

*El tallo grueso de un
árbol y el tallo delgado
de una enredadera.*

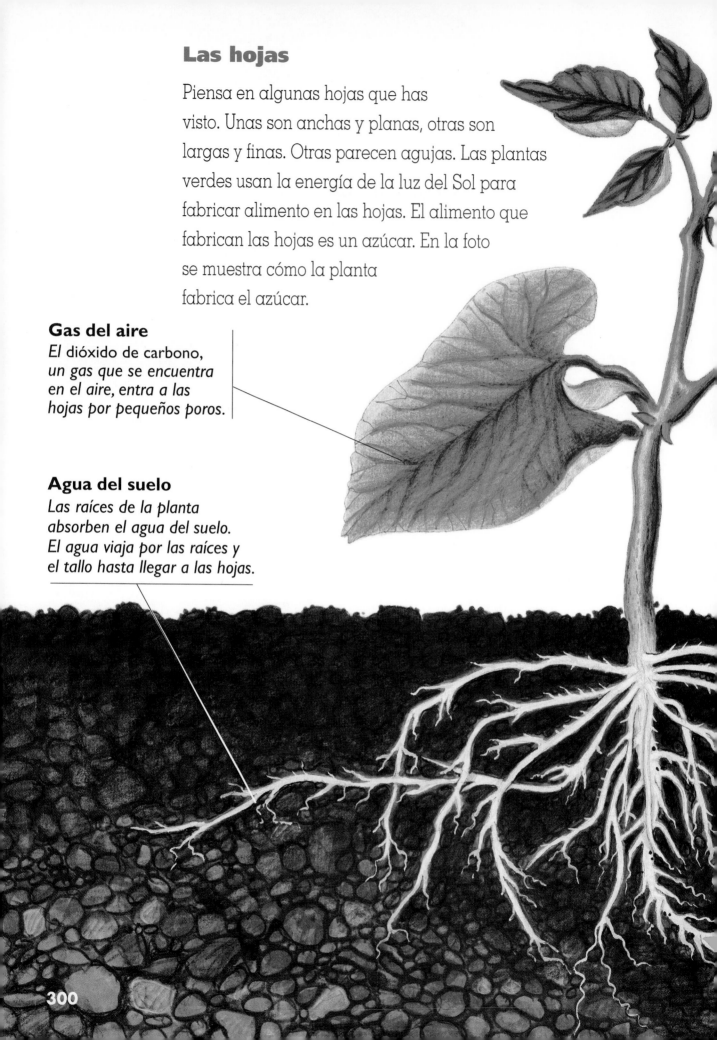

Las hojas

Piensa en algunas hojas que has visto. Unas son anchas y planas, otras son largas y finas. Otras parecen agujas. Las plantas verdes usan la energía de la luz del Sol para fabricar alimento en las hojas. El alimento que fabrican las hojas es un azúcar. En la foto se muestra cómo la planta fabrica el azúcar.

Gas del aire

El dióxido de carbono, un gas que se encuentra en el aire, entra a las hojas por pequeños poros.

Agua del suelo

Las raíces de la planta absorben el agua del suelo. El agua viaja por las raíces y el tallo hasta llegar a las hojas.

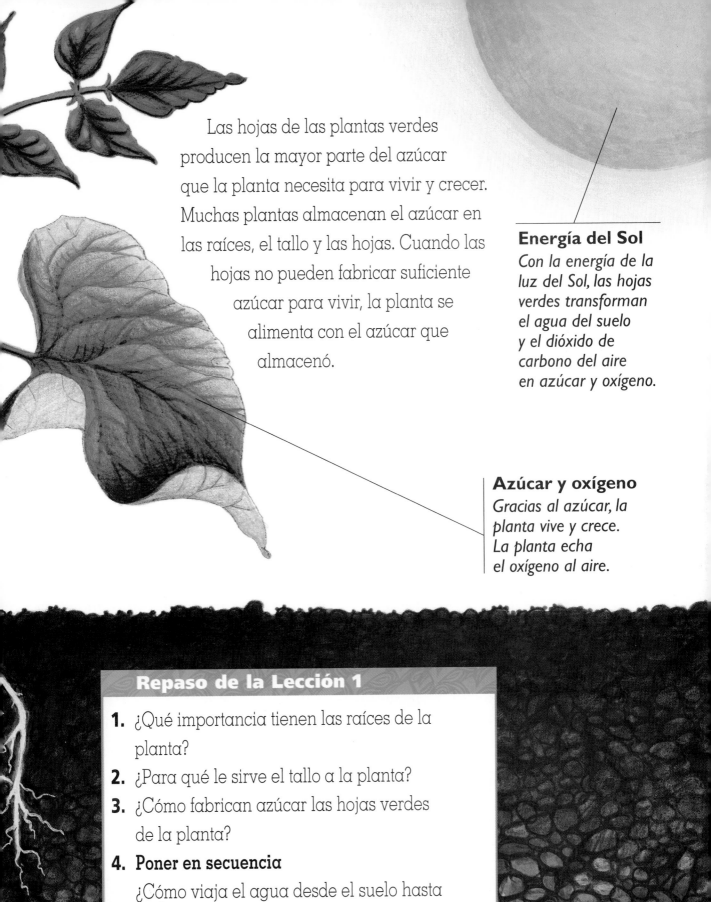

Las hojas de las plantas verdes producen la mayor parte del azúcar que la planta necesita para vivir y crecer. Muchas plantas almacenan el azúcar en las raíces, el tallo y las hojas. Cuando las hojas no pueden fabricar suficiente azúcar para vivir, la planta se alimenta con el azúcar que almacenó.

Energía del Sol

Con la energía de la luz del Sol, las hojas verdes transforman el agua del suelo y el dióxido de carbono del aire en azúcar y oxígeno.

Azúcar y oxígeno

Gracias al azúcar, la planta vive y crece. La planta echa el oxígeno al aire.

Repaso de la Lección 1

1. ¿Qué importancia tienen las raíces de la planta?
2. ¿Para qué le sirve el tallo a la planta?
3. ¿Cómo fabrican azúcar las hojas verdes de la planta?
4. **Poner en secuencia**

   ¿Cómo viaja el agua desde el suelo hasta las hojas de la planta?

Estructura del texto

- La **estructura del texto** es la manera en que está organizado un artículo o un cuento.

- Una de las maneras en que el autor puede organizar el texto es plantear primero un problema y luego ofrecer una solución.

- Usa lo que ya sabes sobre cómo resolver problemas para entender lo que lees.

Lee "Entrenamiento de perritos", por Judy Peterson-Fleming y Bill Fleming.

En tus palabras

1. Explica un problema que se da en el artículo.

2. ¿Cómo te explican los autores que resuelvas el problema?

Entrenamiento de perritos

por Judy Peterson-Fleming
y Bill Fleming

Antes de entrenar a tu perrito a que ande a tu lado con la correa, tiene que haberse acostumbrado a llevar puesto el collar. Una vez que se haya acostumbrado, haz que se sienta cómodo y seguro de llevar la correa. Ponle la correa y toma el otro extremo, sin darle tirones, para que quede suelta. *Nunca* tires con demasiada fuerza o terminarás arrastrando a tu perrito. Lleva a tu perro a dar una vuelta y juega con él hasta que se acostumbre a la correa.

Ahora que tu perrito se siente más cómodo *con* su nueva correa, ha llegado el momento de

enseñarle a *caminar* con ella. Esto
es para que te acompañe a lugares
que estén lejos de casa. Toma el
extremo de la correa con la mano
derecha y sujétala por el centro
con la izquierda. Lleva *siempre*
a tu perro por tu izquierda.
Comienza a caminar despacio.
Si se detiene, dile: "¡Vamos!"
y tira gentilmente de la correa.
Así aprenderá a caminar a tu lado.
No olvides que estas sesiones
deben ser cortas. Lleva a tu perro
por varios caminos para que así
se divierta más.

OJO A LO QUE VIENE

**La mejor amiga
de mamá**

En la siguiente selección,
vas a leer sobre una
señora y su nueva perra.
Lee y piensa cómo está
organizado el texto.

Palabras nuevas

arnés	dirección	guía
presentar	ruta	saltó
paciente	fácilmente	

Las palabras que se escriben y pronuncian igual, pero que tienen diferente significado, se llaman **homónimos**. Para saber qué significado se le está dando a una palabra, busca pistas en la oración.

Lee el siguiente párrafo. Decide si *paciente* se refiere a "alguien que va al médico" o "que sabe esperar".

Pecas llega a la casa

El entrenador de animales me quería <u>presentar</u> a Pecas, mi nuevo perro <u>guía</u>. Pecas <u>saltó</u> al oír mi voz, y nos hicimos amigos <u>fácilmente</u>. Aprendí a agarrar el <u>arnés</u> para que él me guiara en la <u>dirección</u> correcta, aunque a veces me preocupaba que no supiera bien la <u>ruta</u>. Tengo que ser <u>paciente</u>.

Escribe

Describe cómo los animales ayudan a las personas. Usa palabras del vocabulario.

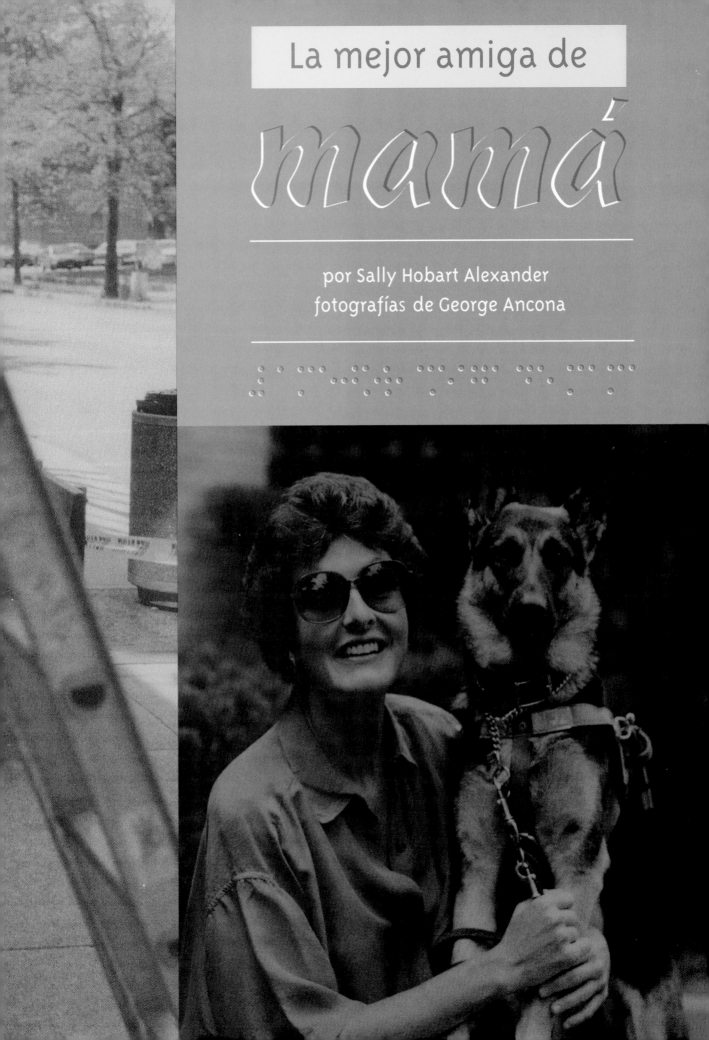

La mejor amiga de
mamá

por Sally Hobart Alexander
fotografías de George Ancona

Toda la familia quería a Marit, la perrita guía de mamá. Pero al morir Marit, mamá tiene que ir a La Mirada Amiga, una escuela donde se entrenan perros guía y a sus dueños. A Leslie, a Joel y a papá no les resulta fácil encargarse de la casa sin mamá.

Querida mamá:

Vuelve pronto a casa. La casa te echa de menos.
Te quiere,
Agotada en Pittsburgh

Mamá contestó la carta.

Querida Agotada:

Aguanta un poco más. Estaremos en casa el jueves. Prepárate. Cuando me veas, tendré cuatro patas más.

Mamá

No pude reír. Estaba demasiado cansada y preocupada. ¿Y si no pudiera querer a Úrsula? Marit era la mejor perrita del mundo.

Pronto llegaron a casa. Úrsula se soltó de la correa de un tirón y se me echó encima. Me puso las patas en los hombros, en el estómago y en los brazos, como lo hacía Marit, casi tumbándome. Saltó sobre Joel y lo lamió por todas partes. Cuando saltó de nuevo sobre mí, me di cuenta de que mamá tenía razón. Como por arte de magia, me encariñé con esta nueva perrita.

Pero al final del día, tuve otra preocupación. ¿Iba *Úrsula* a quererme a *mí?* Parecía bastante cariñosa, pero estaba nerviosa y hasta parecía perdida en la casa.

—Leslie, ¿recuerdas cómo te quería Marit? Cuando eras pequeña te dejaba que te le subieras en el lomo para que miraras por la ventana. Úrsula también te querrá muchísimo. El cariño es lo único que hace que este servicio de perros guía funcione.

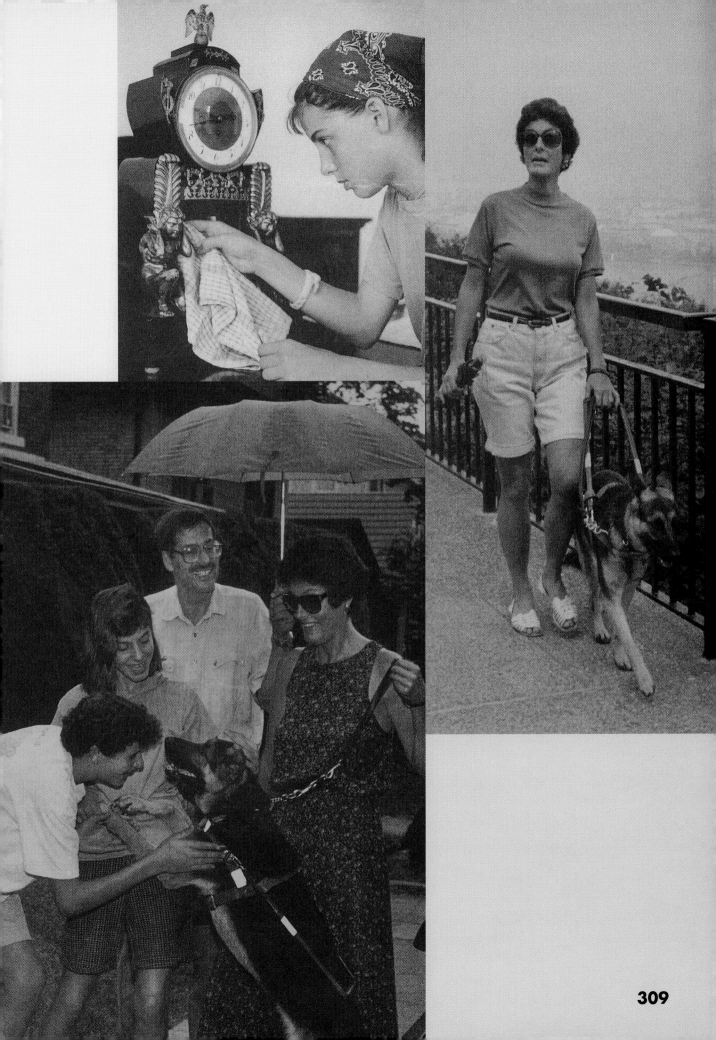

309

Así que traté de ser paciente y observé a mamá trabajar mucho. Primero le mostró a Úrsula una ruta de nuestro vecindario, la cual repitieron una y otra vez. Luego le enseñó otra ruta, la repitió y repasó la primera. Cada día caminaba dos o tres millas con Úrsula, llevándola por dos rutas distintas. Le daba de comer, la cepillaba, la entrenaba a ser obediente, y dos veces por semana le lavaba las orejas y los dientes.

—Tengo el mismo trabajo que cuando Joel y tú eran pequeños —dijo.

Mamá y Úrsula jugaban todos los días por cuarenta y cinco minutos. Joel, Papá y yo sólo podíamos mirar. Úrsula tenía que establecer primero una relación sólida con mamá.

Úrsula se convirtió en la sombra de mamá. Cuando mamá se bañaba o cuando dormía, allí estaba Úrsula.

Úrsula aún no comía bien. Sólo comía la mitad de lo que comía en La Mirada Amiga. También ponía a prueba a mamá. La hacía pasarse entre las ramas y se bajaba de las aceras. En una ocasión trató de regresar a casa por un atajo. Otro día, como estaba nerviosa, cruzó una calle nueva en diagonal.

Cruzar las calles no es fácil. Úrsula no sabe cuándo está en verde el semáforo, pero mamá sí. Si oye los carros pasar a su lado en la dirección en la que va andando, el semáforo está verde. Si pasan en ambas direcciones frente a ella, está en rojo.

Mamá dice que los perros tardan entre cuatro y seis meses en adaptarse. Pero por mucho tiempo que mamá y Úrsula estén juntas, Úrsula siempre necesitará que la corrijan. Por ejemplo, si alguien acaricia a Úrsula por ser cariñosa, entonces mamá tiene que regañar a Úrsula y decirle a la persona que no se debe acariciar a los perros guía. Si la gente le presta demasiada atención a Úrsula cuando está trabajando, ella se olvida de lo que está haciendo.

Después de un mes en casa, Úrsula siempre vaciaba su plato de comida. Se sabía todas las rutas y mamá podía ir fácilmente a cualquier sitio, igual como hacía con Marit.

—Ahora sí hay que entrenarla a quedarse sola —dijo mamá.

Al principio, mamá dejaba a Úrsula sola en casa por poco tiempo mientras iba a correr con papá, ya que Úrsula no es buena guía para correr.

A medida que las semanas pasaban, mamá dejaba a Úrsula más tiempo sola. Yo sentía lástima por la pobrecita, pero se portaba bien: no ladraba ni mordía los muebles.

Entonces mamá nos dijo a Joel y a mí que podíamos presentar a Úrsula a nuestros amigos, pero uno por uno, y que podrían acariciarla cuando no llevara puesto el arnés.

Úrsula nos despertaba a Joel y a mí todas las mañanas, y por las noches se venía a dormir a mi cama.

Por fin mamá dejó que Joel y yo jugáramos con Úrsula, y lo sabía: la perrita se había encariñado con nosotros y nosotros más aún con ella.

Pero no hemos olvidado a Marit. Joel dice que Úrsula es la mejor perrita de todas las que están vivas y yo siempre digo que es la mejor perrita de este mundo.

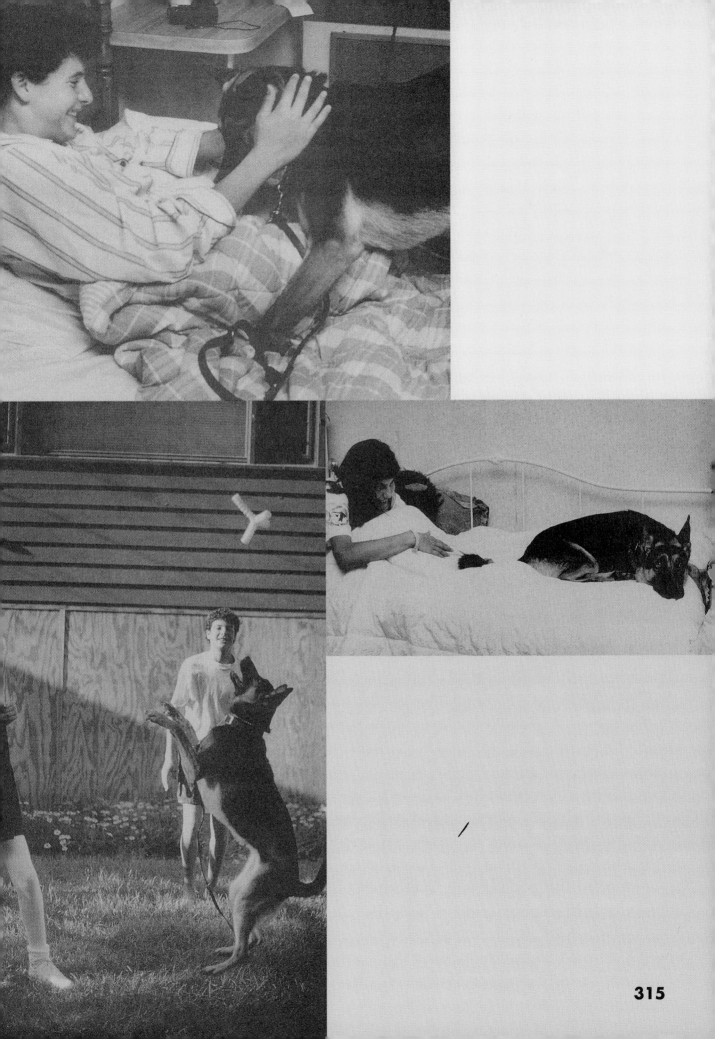

Sally Hobart
Alexander

Conozcamos a la autora

"¡Si yo puedo hacerlo, tú también!" A Sally Hobart Alexander le gustaría que todos tuviéramos esto en cuenta a la hora de escribir una historia. La Sra. Alexander comenzó a contar cuentos a su primer hijo. Cuando nació su segundo hijo, podía inventar un cuento en unos segundos, usando cualquier personaje que le sugerían sus hijos.

Los cuentos que la Sra. Alexander inventaba para sus hijos eran imaginarios. Sin embargo, su libro *La mejor amiga de mamá* y una de sus primeras historias, *Mom Can't See Me* ("Mamá no me puede ver"), están basados en sus propias experiencias con la ceguera.

George Ancona

Conozcamos al fotógrafo

Cuando era joven, George Ancona fue con su padre a ver unos enormes barcos en los muelles de Brooklyn, Nueva York. Él recuerda: "Es como ver algo impresionante y lo único que puedes decir es ¡Oooooh!". Cuando trabaja en sus libros piensa en esa sensación.

El Sr. Ancona ha tomado fotografías para sus libros y para los libros escritos por otras personas. Para cada libro, toma las fotografías primero. "Las palabras vienen después", dice. "Completan lo que las fotografías no pudieron contar".

Coméntalo

¿Por qué la mejor amiga de mamá es una perrita?
¿Cuándo podría ser un animal tu mejor amigo?

Comprensión de lectura

1. En sus respuestas a la carta de Leslie, mamá hace un juego de palabras divertido. Explícalo.

2. ¿Por qué es tan importante el entrenamiento de un perro guía?

3. ¿Por qué está Leslie preocupada por si podrá querer a Úrsula?

4. *La mejor amiga de mamá* es un texto informativo, pero la **estructura del texto** es como la de un cuento. ¿Cómo se cuentan la mayoría de los cuentos?

5. Piensa en la **estructura del texto** de esta selección. ¿Qué suceso importante ocurrió antes del comienzo de la selección?

Tablero de anuncios Braille

Utiliza una enciclopedia u otros libros para buscar información sobre el sistema Braille y cómo se usa. Escribe los datos que encuentres en una tarjeta y luego, con el resto de la clase, recolecta y ordena todas las tarjetas en el tablero de anuncios.

Visualizar

- **Visualizar** es crearse una imagen mental.

- Si usas todos los sentidos, disfrutarás mejor el cuento o artículo que leas.

- Al leer, fíjate en los detalles del texto y en las cosas que ya sabes para poder ver, oír, oler, saborear y sentir mejor todo lo que describe el autor.

Lee "Viaje a las estrellas", de Jennifer Richard Jacobson.

Escribe

1. ¿Qué detalles de los dos primeros párrafos te sirven para visualizar la feria?

2. ¿Qué detalles de los párrafos tercero y cuarto te sirven para visualizar lo que Etta ve, oye y siente en la rueda de Chicago?

Viaje a las estrellas

por Jennifer Richard Jacobson

La última noche siempre vamos a la feria. Ahora parece un cuento de hadas, con luces de todos colores. La música de la feria se oye más fuerte que los gritos de los que van en la montaña rusa.

—No se separen —dice papá. Fiona y Harper pagan cincuenta centavos para ver si se ganan el premio de uno de los juegos.

Yo no digo nada. Voy corriendo hacia una señora que está en la taquilla y le compro los boletos que me han encargado. El señor que recoge los boletos me pide el mío y luego me coloca la barra de seguridad sobre las piernas. Cierro los ojos fuertemente y siento que la

silla comienza a subir. Estoy subiendo.
Casi toco el cielo. Cuando sé que ya
estoy en lo más alto, abro los ojos
y miro hacia arriba.

Veo las estrellas. Están tan cerca que
puedo tocarlas. Las uno todas con una
línea y pienso: "Eso es. Ya tengo una
red. Si la Tierra se volteara y yo me
cayera al cielo, una red de estrellas me
salvaría. Y la luna, redonda y amarilla,
me sonríe. SOY VALIENTE."

—¡Etta!

Al mirar abajo veo a Harper que me
está buscando.

—¡Aquí arriba! —grito con todas mis
fuerzas. Harper mira hacia arriba y me
ve. Luego le indica a Fiona dónde estoy.
Y ambos me miran dar vueltas y más
vueltas. Me saludan con la mano.

Y esta vez yo también los saludo.

OJO A LO QUE VIENE

Valiente como un puma

En la siguiente selección,
un niño se enfrenta a
su propio miedo. Lee
y visualiza lo que ve
el niño al prepararse
para un concurso de
ortografía.

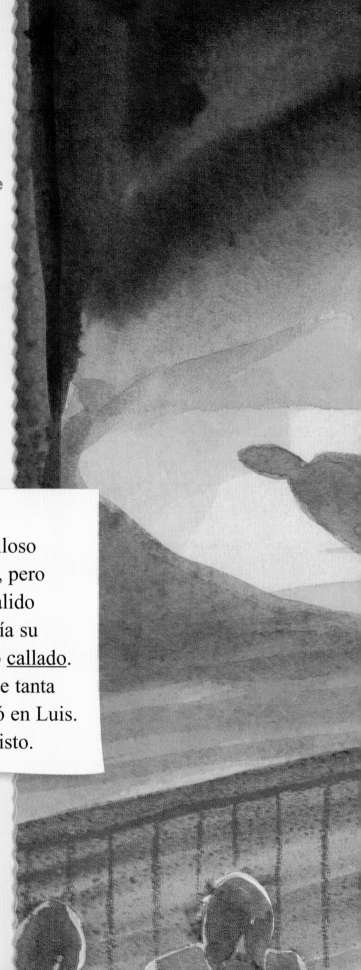

Vocabulario

Palabras nuevas

ortografía · reservación · callado
escenario · problema · valiente

Al leer, quizás encuentres palabras que no conoces. Para averiguar su significado, busca pistas cerca de la palabra desconocida. Fíjate en detalles o ejemplos.

Mira cómo se usa *reservación* en el siguiente párrafo. Busca una explicación en las demás oraciones. ¿Qué significa *reservación?*

Con valentía

Luis tenía un <u>problema</u>. Estaba orgulloso de estar en el concurso de <u>ortografía</u>, pero también tenía miedo. Nunca había salido de la <u>reservación</u>, la tierra donde vivía su pueblo. Durante el viaje, Luis estuvo <u>callado</u>. Le aterraba estar en un <u>escenario</u> ante tanta gente. El autobús paró y algo cambió en Luis. Se sintió <u>valiente</u>. Sabía que estaba listo.

Escribe

Describe una ocasión en la que hiciste algo difícil. Usa palabras del vocabulario.

Valiente como un puma

por Ann Herbert Scott
ilustrado by Glo Coalson

Nevaba mucho. En la sala, con la cara pegada al cristal helado de la ventana, Araña apenas podía ver los caballos de su padre que se agrupaban contra la cerca. Muy pronto la oscuridad cubriría la reservación.

Araña tiritó. Cualquier otra noche hubiera esperado que su padre llegara a casa antes de que la nieve se acumulara y le dificultara el paso. Pero esa noche era diferente. Esa noche temía su llegada.

Araña tocaba los dos papeles de la escuela que tenía en el bolsillo. Quería mostrarle uno de ellos a su padre, pero el otro no. No esa noche. Ni nunca.

A su lado, en el sofá, su hermana Winona jugaba con una muñeca. "Qué suerte tiene", pensó Araña. Winona era demasiado pequeña para preocuparse por nada, y mucho menos por la escuela.

En ese momento, Araña vio pasar las luces rojas del camión quitanieves frente a su casa. Justo detrás venía la nueva camioneta azul de su padre. Araña suspiró. Al menos papá había llegado a casa sano y salvo. ¡Ahora empezarían los problemas!

Winona corrió hacia la puerta de atrás. Pero Araña se quedó en el sofá, esperando. Sentía el olor de la cena que salía de la cocina. Olía a carne de venado, su plato favorito. Pero esa noche ni siquiera tenía hambre. Pronto oyó a su padre y a su hermano Will sacudirse la nieve de las botas.

El padre de Araña entró cargado de cartas. Colgó el sombrero y la chaqueta en el gancho al lado de la cocina y se estiró en su silla favorita.

—¿Qué hiciste hoy en la escuela? —le preguntó a Araña.

—Poca cosa —dijo Araña, tocando los papeles que tenía en el bolsillo.

—¿Trajiste algún papel?

Araña asintió con la cabeza. ¿Cómo es que su padre siempre lo sabía?

—Vamos a ver —dijo su padre.

Araña sacó del bolsillo el primer papel.

—Éste es el bueno —dijo.

—Ortografía, cien por ciento. Todas las palabras correctas. Excelente, hijo.

—Pero papá, tengo un problema —Araña puso el otro papel en la mano de su padre—. La maestra quiere que participe en el gran concurso de ortografía de la escuela.

El padre de Araña lo leyó en voz alta: "Estimados padres: Me complace informarles que su hijo ha calificado para el concurso de ortografía de la escuela, el cual se llevará a cabo el próximo jueves por la noche. Esperamos que asistan con su familia".

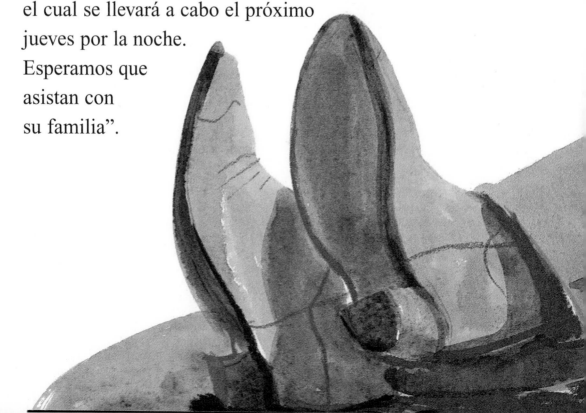

La madre y la abuela de Araña salieron de la cocina con una bandeja de carne de venado y platos de frijoles y maíz para la cena.

—Ésa es una buena noticia, Pequeño hermano —dijo su abuela con una sonrisa.

—Pero no lo haré —dijo Araña.

—¿Por qué no? —preguntó Will.

—Tengo miedo —dijo Araña.

—Pero tú eres un muchacho valiente —dijo su padre—. ¿Por qué tienes miedo?

—Papá —dijo Araña—, te hacen subir al escenario del gimnasio y todo el mundo te mira. Tengo miedo de que se me paralicen las piernas y no sea capaz ni de andar. Y si me subiera allí arriba, abriría la boca y no me saldría ni una palabra. Me da mucho miedo.

—Ah, entiendo —dijo su padre.

La madre de Araña le puso la mano sobre el hombro.

—Debes tener hambre —dijo—. Vamos a comer.

Después de la cena, Araña se sentó al lado de la estufa de leña a hacer sus tareas.

—Papá, ¿participaste alguna vez en un concurso de ortografía? —preguntó.

—De hecho, pues sí, sí participé.

—¿Estabas asustado?

—Estaba muerto de miedo. No quería hacerlo, pero entonces mi padre me dijo que me imaginara ser un animal salvaje, el animal más fuerte y valiente que se me ocurriera. Y así se me pasó el miedo.

Más tarde Araña se sentó en la cama y se puso a pensar en animales que no le tuvieran miedo a nada. En la pared de su cuarto había un cuadro de un puma que su papá había pintado para él. ¿Qué tal un puma, el Rey de los Animales?

Araña sacó su linterna de debajo de la almohada e iluminó la cara del gran animal salvaje.

"Valiente como un puma", se dijo en voz alta y fuerte.

"Valiente como un puma", repetía en silencio mientras se quedaba dormido.

—Trataré de ser valiente como un puma —le susurró a su padre a la mañana siguiente, cuando se peinaba para ir a la escuela.

A la hora del recreo, Araña echó un vistazo al gimnasio. La enorme sala estaba vacía. Levantó la cabeza y miró el mural del antiguo pueblo shoshone. Eran valientes cazadores de venados, antílopes y alces, igual que lo eran ahora su padre y sus tíos.

Al fondo del gimnasio estaba el marcador con el emblema de la escuela, el águila. Todos los sábados de invierno, Araña y toda su familia venían a animar a Will y a su equipo de básquetbol. Esos jugadores no le tenían miedo a nada.

Luego Araña se quedó mirando el escenario. Allí es donde estarían los participantes. Se le secó la garganta, y el corazón le hacía *pum-pum, pum-pum.* ¿Cómo podría subirse él allí arriba, frente a tanta gente? Araña salió corriendo, cerrando de un portazo la puerta del gimnasio.

Esa tarde seguía nevando. En casa, Araña encontró a su abuela haciendo una banda de cuentas para un sombrero. Era para el cumpleaños de su padre. Araña observó cómo pasaba la aguja por los agujeritos de las cuentas rojas, negras y blancas.

—Abuela, ¿participaste alguna vez en un concurso de ortografía?

—No, nunca —contestó la abuela—. ¿Le estás dando vueltas y vueltas en la cabeza?

—Sí, todo el tiempo —dijo Araña.

—¿Qué es lo que más te preocupa?

—Estar en el escenario frente a toda esa gente mirándome.

—Ah, bueno, eso es fácil —dijo su abuela—. Debes ser astuto. Astuto como un coyote. El coyote siempre tiene algún truco que lo saca de los problemas. Cuando estés en el escenario, no mires a nadie. Date la vuelta e imagina que estás solo.

Esa noche en la cama Araña se tapó la cabeza con la cobija.

"Valiente como un puma, astuto como un coyote", no paraba de repetir mientras se quedaba dormido.

A la mañana siguiente Araña limpió la escarcha para mirar por la ventana de su cuarto. Los remolinos de nieve le impedían ver las montañas. Sonreía mientras metía sus libros en la mochila. Si seguía nevando así, quizás la directora cancelaría las clases al día siguiente.

Lo único de lo que se hablaba en clase ese día era del concurso de ortografía.

—¿Podemos contar contigo, Araña? —preguntó la maestra, la Srta. Phillips.

Araña movió la cabeza en negativa.

—Tal vez —dijo—. Aún no lo he decidido.

—Pues más vale que lo decidas pronto —dijo la Srta. Phillips—. El concurso de ortografía es mañana por la noche.

Después del almuerzo Araña pasó por el gimnasio, pero esta vez no entró. No había necesidad. Recordaba perfectamente cómo era. Aterrador. Cuando lo pensó, sintió un escalofrío recorrerle todo el cuerpo.

Por la tarde la nieve se había acumulado en montones más altos que Araña. Agarró un tazón de palomitas de maíz y fue a la entrada del garaje a ver a Will jugar al básquetbol. Una y otra vez la pelota entraba en la canasta. Will casi nunca fallaba.

—¿Hay palomitas para mí? —preguntó Will a su hermanito. Araña trajo otro tazón de la cocina.

—¿Estás preparándote para el concurso de ortografía? —preguntó Will.

—He decidido no participar —dijo Araña—. Voy a ser valiente cuando sea más grande.

Will asintió con la cabeza.

—Recuerdo esos concursos de ortografía.

—¿Tenías miedo? —preguntó Araña.

—Me moría de miedo —dijo Will—. Pero luego aprendí el secreto.

—¿Y cuál es el secreto? —preguntó Araña.

—Estar callado.

—¿Callado? —preguntó Araña—. ¿Qué se logra así?

—Te mantienes calmado. Cuando tengo que lanzar un tiro difícil y todo el equipo depende de mí, es entonces cuando más callado me quedo.

Araña no dijo nada. Se limitó a mirar a su hermano meter canasta tras canasta. Luego la vio a ella. En lo alto de la repisa llena de botes de pintura y medicinas para el ganado, había un diminuto insecto. Era Pequeña Araña, su vieja amiga, que colgaba de la telaraña que tejía. Estaba callada. Callada como la luna.

Araña sonrió. ¡Cómo lo podía haber olvidado! La abuela a veces le contó que de pequeñito, en la cuna, se pasaba las horas mirando una araña que tejía una telaraña en el techo. Fue su primera amiga y, desde entonces, su familia siempre lo llamó Araña. Se subió a la escalera para observar de cerca al pequeño animal. Qué valiente era, colgando en el espacio sin dónde agarrarse. Y qué lista, tejiendo una red sin más material que su silencioso cuerpo.

—Di algo —susurró.

El pequeño animal se quedó callado. Pero Araña sintió que le hablaba en su propia forma misteriosa.

—Escucha tu espíritu —parecía decir—. Escucha tu espíritu y nunca tendrás miedo.

———————

Al día siguiente dejó de nevar. El hielo brillaba bajo los rayos de sol que entraban por la ventana. No había ninguna posibilidad de que cerraran la escuela ese día.

"Valiente como un puma, astuto como un coyote, callado como una araña", pensaba Araña mientras se abrochaba el chaleco.

Winona abrió la puerta: —¿Vas a participar?

—Voy a participar —contestó Araña.

Esa noche asistió toda la familia. Su abuela, que vivía con ellos, y sus otros abuelos y su padre y su madre y tres tías y dos tíos y Will y Winona y muchos primos. Tres de ellos también iban a participar en el concurso.

Valiente como un puma, Araña subió las escaleras del escenario. Astuto como un coyote, se giró de espaldas para no ver las filas de gente que había allí abajo. Muy callado, escuchó su espíritu y oyó latir su corazón: *pum-pum, pum-pum.*

Los mejores de su clase estaban en el escenario, todos de pie, en fila. La directora les dictaba las palabras una por una.

Al principio las palabras eran fáciles.

—Amarillo —dijo la directora—. Tengo un perro amarillo.

Araña fijó la mirada en la cara de la directora.

—Amarillo —dijo Araña—. A-m-a-r-i-l-l-o. Amarillo.

—Correcto —dijo la directora.

Luego las palabras fueron más difíciles.

—Febrero —dijo la directora—. Pronto será febrero.

Le tocaba de nuevo el turno a Araña.

—Febrero —dijo Araña, acordándose de la *b* y la *r*—. F-e-b-r-e-r-o. Febrero.

—Correcto —dijo la directora.

Finalmente ya sólo quedaban dos participantes: Araña y Elsie, una niña del otro extremo de la reservación.

—Excelente —dijo la directora—. El equipo de básquetbol es excelente.

—Excelente —dijo Araña respirando a fondo—. E-x-s-e-l-e-n-t-e. Exselente.

—Incorrecto —dijo la directora. Luego se dirigió a Elsie—: Excelente. El equipo de básquetbol es excelente.

—Excelente —dijo Elsie—. E-x-c-e-l-e-n-t-e. Excelente.

—Correcto —dijo la directora—. Demos un fuerte aplauso a nuestros dos ganadores de la clase de la Srta. Phillips: Elsie en primer lugar y Araña, en segundo.

Se había acabado. Araña bajó las escaleras y fue hacia donde estaban sentados sus familiares. El padre de Araña le dio la mano y Will le dio unas palmadas en la espalda.

—¡Lo lograste! —dijo su madre orgullosa—. ¡Estuviste allí arriba delante de todos!

—Fue fácil —dijo Araña.

—Fuiste valiente —dijo su padre—. Valiente como un puma.

—Y astuto —dijo su abuela—. Astuto como un coyote.

"Ni siquiera tuve miedo", pensó Araña. "Escuché mi espíritu".

—Pero ahora tengo hambre —le dijo a su familia—. Más hambre que un oso. Vámonos todos a casa. ¡Es hora de comer!

Conozcamos a la autora

Ann Herbert Scott

Ann Herbert Scott lleva escribiendo casi toda la vida. Cuando era pequeña, sus padres estaban tan orgullosos de su talento que comenzaron a guardar todo lo que escribía.

Durante muchos años, la Sra. Scott trabajó con niños de zonas urbanas. En aquella época, no había muchos libros sobre niños como con los que ella trabajaba. Esto le molestaba. "Soñaba con escribir algún día cuentos realistas cuyo ambiente fuera los proyectos de vivienda donde yo trabajaba", dice.

Muchos años después, la Sra. Scott escribió *Big Cowboy Western* ("El gran vaquero"), un libro sobre un niño que vive en la ciudad.

Coméntalo

Araña tiene miedo de subirse a un escenario. Si estuvieras en un escenario delante de toda la clase, ¿te pondrías nervioso o nerviosa? ¿Por qué?

Comprensión de lectura

1. Piensa en un personaje de alguna película, video o programa de televisión que le tenga miedo a algo. ¿Qué le diría Araña a ese personaje?

2. Piensa en el cambio de Araña a lo largo del cuento. ¿Crees que se volverá a presentar a otro concurso?

3. Anota tres o cuatro cosas que le aconsejan a Araña. ¿Cuál de esos consejos te resultaría más útil a ti?

4. Piensa en el auditorio donde tiene lugar el concurso de ortografía. **Visualiza** el auditorio y descríbeselo a un amigo o amiga. Explícale lo que ves, lo que oyes, lo que hueles y lo que sientes.

5. Araña y su familia van a celebrar. **Visualiza** la celebración. Da detalles sobre lo que crees que van a comer y de lo que van a hablar.

Medalla al valor

Diseña una medalla para Araña. No olvides que obtuvo el segundo premio en el concurso de ortografía, pero para su familia se ganó el primer premio de la valentía.

Generalizar

- Una **generalización** es una declaración o una regla que se aplica a muchos ejemplos de un cuento.

- A veces encuentras ideas sobre varias personas o cosas. Una generalización puede decir en qué se parecen todas o casi todas esas personas o cosas.

- Las palabras clave, como *todos, siempre* y *algunos,* indican una generalización.

Lee una sección de *Cocodrilos y caimanes,* por Norman Barrett.

En tus palabras

1. ¿Qué pistas encuentras en el texto que te indican que el autor está generalizando?

2. Haz tres generalizaciones sobre los cocodriloideos.

Cocodrilos y caimanes

por Norman Barrett

Los cocodrilos y caimanes están entre los reptiles más grandes de la Tierra. Son los sobrevivientes de un grupo de gigantescos reptiles prehistóricos que incluía a los dinosaurios.

Junto con los caimanes y el gharial, los cocodrilos y los lagartos pertenecen a un orden en el reino animal llamado cocodriloideos. Todos tienen la piel como armadura, el hocico largo y afilados dientes de forma cónica.

Los cocodriloideos

Algunos dientes se usan para agarrar. Los de abajo muerden un poco más hacia adentro que los de arriba.

Las fosas nasales se pueden abrir y cerrar por medio de músculos.

Los oídos, cubiertos por un pliegue de piel que se puede abrir y cerrar

Los ojos están encima de la cabeza, lo cual les permite ver aun cuando están casi totalmente sumergidos en el agua.

Cortas patas delanteras

Patas palmeadas

Patas traseras

Poderosa cola que usan para nadar, también puede ser un arma peligrosa

Duras escamas, como de cuero, cubren su piel.

OJO A LO QUE VIENE

¿Quién cuida al cocodrilo?

En el próximo cuento, una niña lleva un cocodrilo a casa de su tía. Lee y prepárate para hacer generalizaciones sobre la niña y su tía.

Palabras nuevas

alabó   áspero   campana
cinta   empinada   vacaciones

Las palabras con significados similares, como *bello* y *hermoso*, se llaman **sinónimos.** Para averiguar el significado de una palabra, busca pistas en la oración. A veces la pista es un sinónimo.

Mira cómo *cinta* te ayuda a averiguar el significado de *correa*.

Una perra traviesa

Después de las <u>vacaciones</u> mamá me compró una perra. Muchas veces la vi <u>empinada</u> mordisqueando el borde de una puerta hasta que lo dejó <u>áspero</u>. Colgué una <u>campana</u> en la puerta para oír si volvía a morderla. Amarré una <u>cinta</u> roja al collar de mi perra para que se quedara a mi lado, pero la rompió en dos mordiscos. Ahora acostumbro a pasearla con una correa. Mamá me <u>alabó</u> por lo bien que cuido a mi perra.

En tus palabras

¿Te gustan los perros? Cuéntalo con palabras del vocabulario.

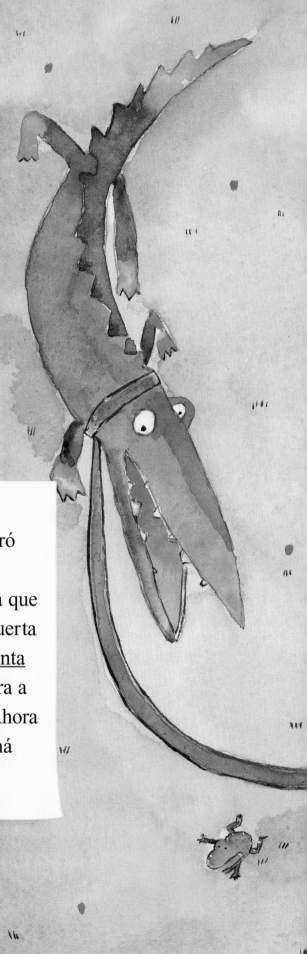

¿Quién cuida al cocodrilo?

por Alma Flor Ada
ilustrado por Yayo

Acababa de sonar la campana. Los niños se apresuraron a coger los animales que se llevarían durante las vacaciones.

—¡Cuidado, Jennifer! —exclamó la señorita Gómez, corriendo a rescatar la pecera de manos de Jennifer. Dos pececitos dorados daban vueltas en el agua agitada—. Tienes que llevarla con cuidado. ¿Estás segura que a tu mamá no le importa que te ocupes de los pececitos durante las vacaciones, verdad?

—No se preocupe, señorita —contestó Jennifer y se marchó con la pecera.

—¿Puedo llevarme el cocodrilo? —preguntó
Anita. Pero la señorita Gómez no le contestó.
Estaba entregándole a Jonathan una caja de
semillas para pájaros.

—¿Estás seguro que pediste permiso a tu
abuelita para cuidarlos? —le preguntó.

—Sí, seguro, señorita Gómez —dijo Jonathan.
Como no podía cargar con la jaula y con todos
sus útiles, Joaquín se apresuró a ayudarle.

—¿Puedo llevarme ya el cocodrilo? —preguntó una vez más Anita.

La señorita Gómez no la oyó. Estaba persiguiendo al conejo.

La señorita Gómez estaba un poco despeinada y empolvada cuando logró al fin agarrar al conejo.

—No podrás abrirle la jaula, Oliver. No es fácil cogerlo cuando se sale. ¿Estás seguro que podrás cuidarlo durante todas las vacaciones sin dejar que se escape?

—Por supuesto, señorita Gómez. ¡Claro que sí!

La señorita Gómez hubiera querido tener un poco de la seguridad que le sobraba a Oliver. Pero no pudo seguir pensando en el conejo.

—¿Puedo llevarme ahora el cocodrilo? —preguntó Anita.

La señorita Gómez se incorporó. Miró a Anita a través de sus gafas. Anita sonreía.

—¿El cocodrilo? —respondió preocupada la señorita Gómez—. No había pensado que nadie se llevara al cocodrilo… Le iba a pedir al conserje que lo alimentara durante la semana de vacaciones.

—Pero, señorita Gómez —insistió Anita—. Usted prometió que todos los que completáramos el proyecto podríamos llevarnos uno de los animales…

—Sí, por supuesto, pero no estaba pensando en el cocodrilo. Es demasiado grande, su jaula ocupa demasiado espacio, come demasiado y… no huele demasiado bien.

—Pero yo terminé mi proyecto. Y usted misma dijo que escribir sobre tarántulas era una idea original…

La señorita Gómez suspiró.

—¿Estás segura que no tendrás problemas? ¿Pediste permiso?

—Le aseguro, señorita Gómez, que no habrá problemas. Voy a pasar las vacaciones en casa de mi tía Enriqueta. Nunca hay problemas en casa de mi tía Enriqueta.

La señorita Gómez no estaba del todo convencida. ¿Cómo se sentiría una tía si su sobrina trajera un cocodrilo a pasar las vacaciones? En ese momento, la señorita Gómez hubiera querido haberle hecho caso al director cuando le dijo que quizá no necesitaba un cocodrilo en la clase.

—Pero no llevaré la jaula, señorita —dijo Anita—. Y necesito una cinta. ¿Puedo coger una de las que tiene usted en el armario?

La señorita Gómez asintió distraídamente con la cabeza. Se quedó pensando: ¿una cinta? Pero no pudo seguir pensándolo mucho. Jane se tambaleaba bajo el peso del acuario de las tortugas.

—Esteban, Luis, por favor, ayúdenla —pidió la señorita Gómez—. No debes tratar de levantar el acuario tú sola. ¿Estás segura que te está esperando tu mamá en el coche?

—Sí, señorita Gómez. Ya fui a ver —respondió Jane—. Me dijo que me apurara porque tenemos que ir al dentista.

—Bueno, lleven el acuario con cuidado entre los tres —sugirió la señorita Gómez.

Y se dejó caer en una silla.

Mientras Esteban, Luis y Jane salían con el acuario, Anita se marchaba con el cocodrilo, que lucía una hermosa cinta verde.

—Muy buenas, Martín —saludó Anita, alegremente.

El chófer de la tía Enriqueta nunca miraba hacia abajo.

—Buenas tardes —dijo el chófer, muy serio, con la nariz empinada.

Anita entró al coche con el cocodrilo.

—¡Hola, tía Enriqueta! —dijo Anita
alegremente.

—¡Ah! Eres tú, Anita.

La tía Enriqueta siempre esperaba que los
demás hablaran para saber quiénes eran. Era
muy miope. Pero no se ponía lentes porque
era demasiado coqueta.

—¿Y te has traído un perro?

La tía Enriqueta arrugó el entrecejo.

—Espero que no ladre por las noches. Ya
sabes que tengo el sueño muy ligero. No te
puedes imaginar cómo me atormentan las ranas,
que no dejan de croar en la fuente del jardín.

—No te preocupes, tía Enriqueta —respondió
Anita con convicción—. Te aseguro que no
ladrará.

Al día siguiente, mientras tomaban el desayuno,
la tía Enriqueta alabó a Anita:

—Tienes muy bien acostumbrado al perro.
No le he oído ladrar en absoluto.

Anita sonrió y se sirvió una tostada con
mermelada.

Esa tarde, mientras tomaba té, la tía Enriqueta
alargó la mano para acariciar al perro. Nunca se
quitaba los guantes para que no se le bronceara
la piel.

—Tienes que cepillar a este perro, Anita
—aseguró la tía Enriqueta—. Tiene el pelo
muy áspero.

Anita mordió una galletita de almendras y
no dijo nada.

El domingo por la mañana, la tía Enriqueta le propuso a Anita:

—¿Por qué no salimos a dar una vuelta por el jardín? Puedes traer tu perro.

—Claro que sí, tía Enriqueta —respondió Anita. Y fue a buscar al cocodrilo.

—Espero que no nos haga ir demasiado rápido —dijo la tía Enriqueta—. Ya sabes que no me gusta andar deprisa.

A la hora de la cena, la tía Enriqueta comentó:

—Me ha dado mucho gusto tenerte aquí esta semana de vacaciones, Anita. Y tu perro se ha portado maravillosamente bien. No ha ladrado ni una sola noche. Es más, ¿sabes?, desde que está aquí ya no me despiertan tanto las ranas por la noche.

Anita sonrió y se sirvió un poco más de salsa de arándanos.

Cuando Anita llegó a la clase, todos los chicos tenían algo que contar. La señorita Gómez los oía resignada:

—Mi abuela dice que los pájaros ensucian mucho —dijo Jonathan colocando la jaula en su sitio.

—El conejo se escapó y se comió un trozo del sofá —dijo Oliver—. Yo creo que no es su culpa, porque el forro del sofá es verde, color de hierba, pero mi papá se disgustó mucho y dijo que es el último animal que llevo a casa.

—Mi hermanito tiró una pelota en la pecera
y el agua salpicó la alfombra nueva —dijo
Jennifer—. Mis padres no creen que sea una
buena idea que lleve los peces las próximas
vacaciones.

—Dejé a las tortugas caminar un poco por
el piso de la cocina para que hicieran ejercicio
—dijo Jane— y antes de que me diera cuenta
habían desaparecido. ¡Y luego dicen que las
tortugas son lentas! Por fin, mi mamá las
encontró debajo de un estante. Pero cuando
las estaba sacando se golpeó la cabeza. Y le
echa la culpa a las tortugas.

—¿Y a ti, Anita, cómo te fue con el cocodrilo? —preguntó la señorita Gómez, dispuesta a oír lo peor.

—Ya le dije, señorita Gómez —contestó Anita—, que estaba segura que no habría ningún problema. Al contrario, creo que mi tía Enriqueta no había dormido tan bien hacía mucho tiempo. Fue una visita perfecta.

Y sonrió.

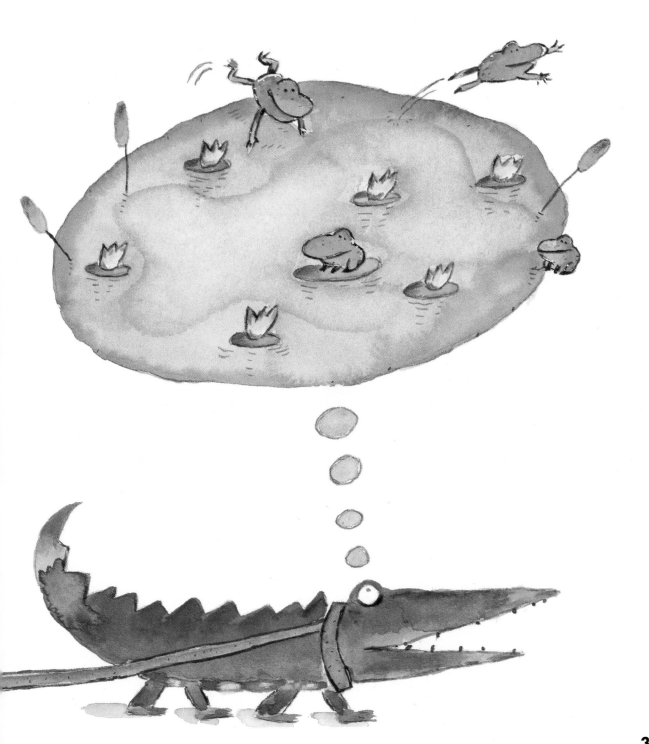

Alma Flor Ada

La señora Ada creció en Camagüey, Cuba, en una familia a la que le gustaba mucho contar cuentos. De niña le gustaba mirar al río desde su casita de árbol. Actualmente cree que ésa es la razón por la que pone peces y ranas en sus cuentos, tal como las ranas de *¿Quién cuida al cocodrilo?*

Conozcamos al ilustrador

Yayo

Diego Herrera, también conocido como Yayo, nació en Colombia y actualmente vive en Montreal. Para él es importante inventar cosas y recrear con sus dibujos el mundo que ve en sus sueños. Yayo define su arte como "dibujos chistosos en situaciones que no tienen ni pies ni cabeza". Le gusta dibujar temprano en la mañana, cerca de una ventana por donde entre la luz del sol.

Reacción del lector

Coméntalo

Todos los niños se llevan a casa una mascota durante las vacaciones. ¿Qué mascota te gustaría llevarte? ¿Por qué?

Comprensión de lectura

1. ¿Por qué le gusta el cocodrilo a la tía Enriqueta? ¿Qué creíste que iba a ocurrir en su casa?

2. ¿Crees que este cuento podría ocurrir en la vida real? ¿Por qué?

3. ¿Cómo es Anita? ¿Qué cosas le ocurren durante las vacaciones que no le ocurren al resto de sus compañeros de clase?

4. Haz una **generalización** sobre las experiencias de los compañeros de Anita que se llevaron un animal a casa.

5. ¿Crees que los cocodrilos son buenas mascotas? ¿Por qué? Haz **generalizaciones** sobre las ventajas o desventajas de tener un cocodrilo de mascota. Comenta tus ideas con el resto de la clase.

¡Qué problema!

Escoge una mascota que no aparezca en el cuento. Escribe un párrafo que describa los problemas que la mascota causó en casa de uno de los estudiantes.

Datos curiosos sobre animales

por Ann Squire

¿Por qué los perros son más cariñosos que los gatos?

La mayoría de la gente describiría a los perros como animales cariñosos y sociales, y a los gatos como animales solitarios y reservados. Esas diferencias de personalidad hay que buscarlas en los antepasados de los animales domésticos actuales. El perro desciende del lobo, animal social que vive en manadas. Dentro de la manada, cada miembro sabe cuál es su lugar en relación a los demás. El miembro más importante de la manada es el líder, o lobo "alfa". Los demás lobos de la manada siguen las pautas de comportamiento de su líder y lo respetan. Ese respeto lo muestran lamiendo al líder o tocándolo con el hocico. Así, cuando tu perro te salta encima y te lame la cara, es porque te considera su lobo alfa.

Por otra parte, los antepasados del gato doméstico actual vivían y cazaban solos. Por eso no les hacía falta desarrollar las conductas sociales necesarias para la vida en manada y por eso los gatos parecen más independientes y menos cariñosos que los perros.

¿Cuál es la función de los bigotes de los gatos?

Esos bigotes largos que crecen en el labio superior, las mejillas y la frente de los gatos son en realidad órganos sensoriales. Cuando algo toca la punta de uno de esos pelos, se estimulan las terminaciones sensitivas del nervio que se encuentra en la base del pelo. Eso le permite al gato sentir cosas que están a varias pulgadas de distancia de su cara. Los gatos son muy activos en la oscuridad, donde a veces les resulta difícil ver, y los bigotes les proporcionan otra forma de saber por dónde andan. Como los bigotes se extienden hasta los hombros, hay quienes piensan que sirven para indicarle al gato el espacio que tiene para moverse por un lugar estrecho. Si un gato se mete por un túnel oscuro cuyas paredes rozan los pelos de ambos lados de la cara, eso le indica que el túnel no es lo suficientemente ancho como para poder pasar por él.

Los gatos también tienen un grupo de pelos en la parte interior de ambas patas delanteras, por encima de las garras. Hay quien piensa que estos pelos ayudan a los gatos a cazar ratones al proporcionarles información táctil sobre la presa.

Ronda del zapatero
por Germán Berdiales

Tipi tape, tipi tape,
tipi tape, tipitón,
tipi tape, zapa-zapa,
zapatero remendón.

Tipi tape todo el día,
todo el año tipitón,
tipi tape, macha-macha,
machacando en tu rincón.

Tipi tape en tu banqueta,
tipi tape en tu rincón,
tipitón con tu martillo
macha-macha-machacón.

¡Ay tus suelas, zapa-zapa,
zapatero remendón,
ay tus suelas, tipi tape,
duran menos que el cartón!

Tipi tape, tipi tape,
tipi tape, tipitón…

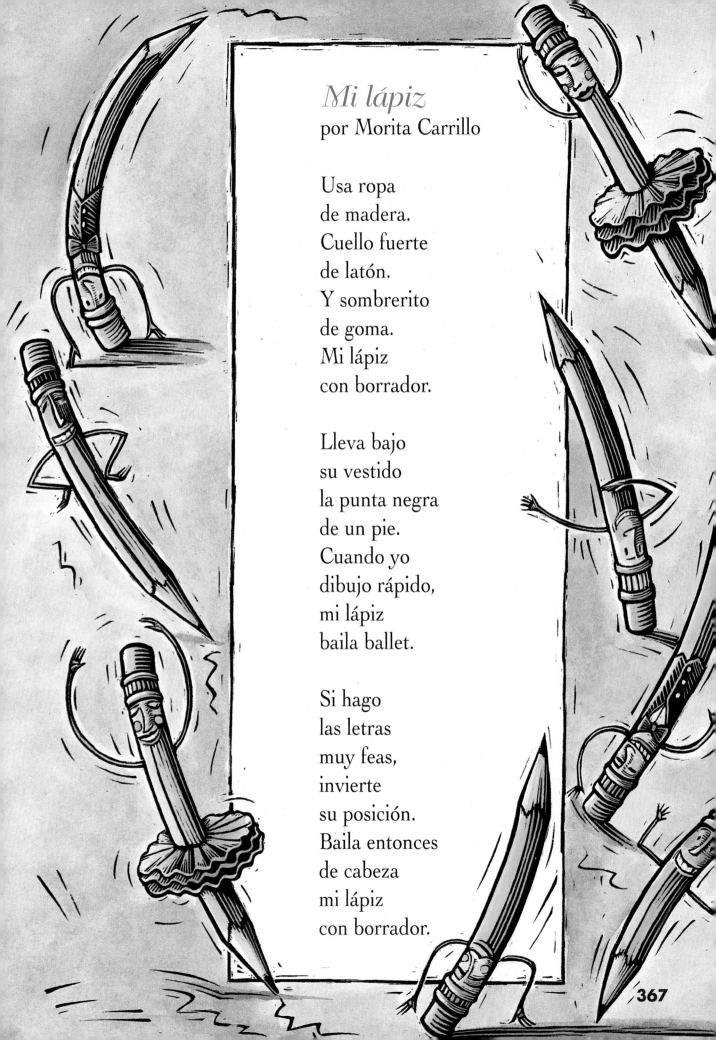

Mi lápiz
por Morita Carrillo

Usa ropa
de madera.
Cuello fuerte
de latón.
Y sombrerito
de goma.
Mi lápiz
con borrador.

Lleva bajo
su vestido
la punta negra
de un pie.
Cuando yo
dibujo rápido,
mi lápiz
baila ballet.

Si hago
las letras
muy feas,
invierte
su posición.
Baila entonces
de cabeza
mi lápiz
con borrador.

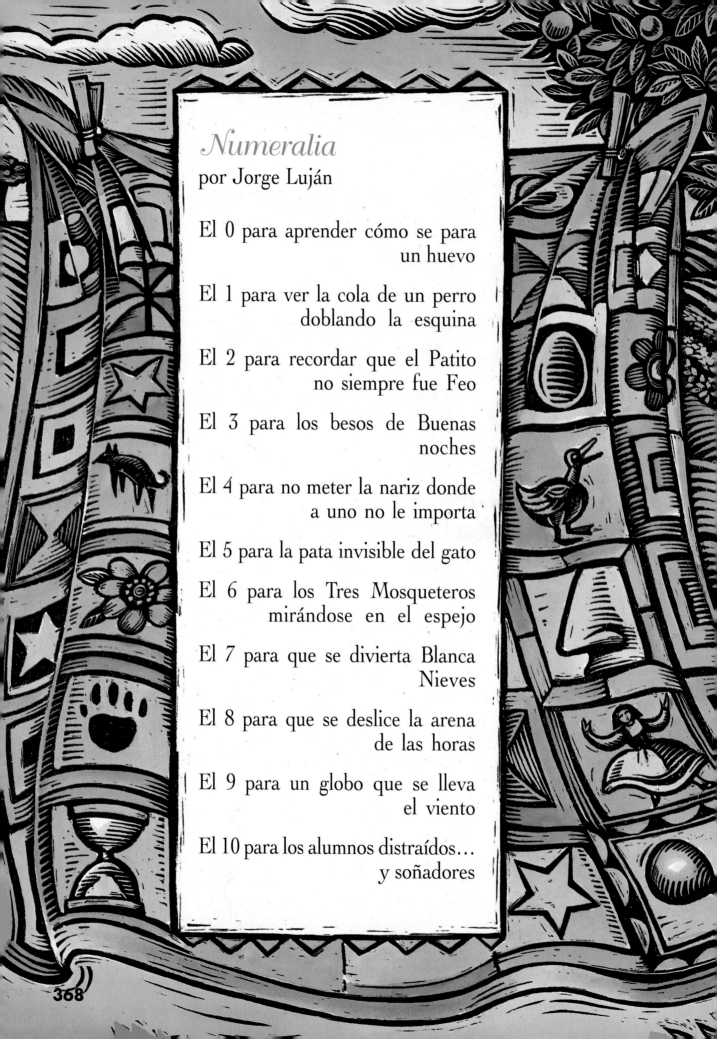

Numeralia

por Jorge Luján

El 0 para aprender cómo se para
un huevo

El 1 para ver la cola de un perro
doblando la esquina

El 2 para recordar que el Patito
no siempre fue Feo

El 3 para los besos de Buenas
noches

El 4 para no meter la nariz donde
a uno no le importa

El 5 para la pata invisible del gato

El 6 para los Tres Mosqueteros
mirándose en el espejo

El 7 para que se divierta Blanca
Nieves

El 8 para que se deslice la arena
de las horas

El 9 para un globo que se lleva
el viento

El 10 para los alumnos distraídos...
y soñadores

Honor
por Alma Flor Ada

Honor es el trabajo
que hacemos en los campos.
Honor es la familia
que se quiere y se apoya.
Honor es ser quien soy,
al despertar cada mañana.

Glosario

Cómo usar este glosario

Este glosario te ayuda a entender el significado de algunas de las palabras que aparecen en este libro. Las palabras están ordenadas alfabéticamente. Para facilitarte la búsqueda de una palabra, fíjate en la parte superior de cada página, donde hay dos palabras guía: la primera y la última de esa página. Recuerda, si no encuentras la palabra que buscas, pide ayuda o búscala en un diccionario.

La palabra que se define aparece en negrilla y dividida en sílabas.

> *Luego aparece la función que esa palabra tiene en la oración.*

a•la•bar *VERBO.* Decir algo bueno de algo o de alguien; elogiar: *El entrenador de fútbol alabó sus destrezas.*

lis•to/ta *ADJETIVO.* Que entiende y aprende con mucha facilidad; inteligente: *Felipe es un niño muy listo y aprendió un poema larguísimo.*

La definición y el ejemplo muestran lo que significa la palabra y cómo se usa. A veces aparecen sinónimos de la palabra definida para ayudarte a comprender mejor su significado. Además te sirven para enriquecer tu vocabulario.

A a

a•can•ti•la•do *SUSTANTIVO.* Formación rocosa casi vertical cortada por la actividad erosiva del mar: *Contemplo el bello paisaje desde lo alto del acantilado.*

a•la•bar *VERBO.* Decir algo bueno de algo o de alguien; elogiar: *El entrenador de fútbol alabó sus destrezas.*

a•ler•ta *SUSTANTIVO.* Situación que requiere atención y vigilancia para evitar un posible peligro o accidente: *El mal tiempo mantuvo al piloto en alerta constante.*

ar•nés *SUSTANTIVO.* Conjunto de correas y hebillas que sirven para sujetar animales: *Lucía le puso el arnés a su perro guía, y salieron de paseo.*

a•rran•car *VERBO.* Quitar con fuerza: *Todos arrancaban la maleza del jardín con rapidez.*

a•rro•zal *SUSTANTIVO.* Terreno sembrado de arroz: *Toda la familia trabaja en el arrozal durante los meses de invierno.*

ar•te•sa•no/na SUSTANTIVO. Persona que hace objetos a mano o que tiene un oficio manual: *Dorita es artesana y se gana muy bien la vida vendiendo los juguetes de madera que hace en su taller.*

ás•pe•ro/ra ADJETIVO. Que no es liso ni suave: *No escribas sobre ese mueble porque es muy áspero.*

a•va•ro/ra ADJETIVO. Persona a quien no le gusta gastar dinero porque está ansiosa por acumular bienes y riquezas; avaricioso, codicioso: *Era tan avaro, que todo lo encontraba carísimo.*

B b

bi•sa•gra SUSTANTIVO. Pieza que une una puerta, ventana o tapa a una superficie fija para que pueda abrirse y cerrarse con facilidad: *La puerta no cerraba bien porque le faltaba una bisagra.*

bra•mar VERBO. Dar bramidos: *El toro de Juan se pasa las noches bramando y no deja dormir a nadie.*

bus•car VERBO. Hacer algo para encontrar algo o a alguien: *Buscando por todas partes por fin lo encontramos.*

C c

cal•car VERBO. Sacar una copia de algo colocando una hoja de papel sobre lo que se quiere copiar y pasando con un lápiz el dibujo o la figura: *Rosita calca los dibujos del cuento.*

ca•lien•te ADJETIVO. Que tiene o da calor; que está a una temperatura alta: *Dejen enfriar un poco los frijoles; están muy calientes.*

ca•lla•do/da ADJETIVO. Persona que habla poco; en silencio; sin hablar: *Se quedó callado esperando la respuesta.*

cam•pa•na SUSTANTIVO. Instrumento de metal que suena al ser golpeado y que se usa para enviar una señal o atraer la atención de la gente: *Cada vez que el enfermo necesita algo toca la campana que hay en su cuarto.*

ca•nas•ta *SUSTANTIVO*. Cesto de mimbre con asas y boca ancha: *Alba iba a casa de sus tíos con una canasta llena de fruta.*

canasta

car•tón *SUSTANTIVO*. Papel grueso: *Hizo el letrero con cartón.*

cin•ta *SUSTANTIVO*. Tira larga y estrecha de tela u otro material flexible que sirve de adorno o para atar cosas: *Las bailarinas llevaban el pelo recogido con una cinta azul.*

com•por•tar•se *VERBO*. Portarse bien: *Antes de salir, doña Elvira les dijo a sus hijos que se comportaran.*

con•di•ción *SUSTANTIVO*. Situación en la que se encuentra algo o alguien: *Tras el huracán empeoraron las condiciones de vida de muchas familias.*

con•fun•di•do/da *ADJETIVO*. Confuso; desconcertado: *Estaba tan confundido por lo ocurrido, que no sabía qué hacer ni qué decir.*

con•ser•va•cio•nis•ta *SUSTANTIVO*. Persona que se preocupa por la conservación del ambiente y trabaja para cuidarlo y protegerlo: *Los conservacionistas han logrado que la laguna y sus alrededores se conviertan en una reservación natural.*

con•tra•tar *VERBO*. Pagar dinero a alguien a cambio de hacer un trabajo: *Marisa contrató a un albañil para reparar el techo de la casa.*

co•se•char *VERBO*. Recoger los frutos del campo cuando ya están maduros: *Un año más, llegó el momento de cosechar las cerezas.*

cu•rio•si•dad *SUSTANTIVO*. Deseo de saber: *María Luisa tenía mucha curiosidad por saber el significado de aquellos signos tan extraños.*

Ch ch

cha•rre•a•da *SUSTANTIVO.* Función o competición en la que los charros muestran sus destrezas. Montan caballos, potros y toros. También hacen suertes con el lazo: *Papá me llevó a ver una charreada y quedé maravillada con la gracia y habilidad de los participantes.*

D d

de•rre•tir *VERBO.* Pasar de sólido a líquido debido a un aumento de temperatura: *La nieve de las montañas altas nunca se derrite.*

de•sa•yu•no *SUSTANTIVO.* La primera comida del día: *Siempre tomo leche en el desayuno.*

desayuno

des•can•sar *VERBO.* Hacer una pausa; reposar: *¿Nos dejas descansar media hora? Estamos muy cansados.*

des•cu•bier•to/ta *ADJETIVO.* Expuesto al conocimiento de los demás: *¡El plan no estaba descubierto!*

de•sor•den *SUSTANTIVO.* Falta de orden; situación en la que se altera la normalidad y la calma; desorganización: *Después de la fiesta, aquella casa era un verdadero desorden.*

des•pren•der *VERBO.* Separarse lo que está pegado o unido: *Un botón mal cosido, seguro que se desprende, se cae y se pierde.*

dia•rio *SUSTANTIVO.* Libreta o cuaderno donde se anotan las cosas más importantes o interesantes que pasan cada día: *Querido diario: Hoy vi el mar por primera vez.*

di•bu•jar *VERBO.* Trazar líneas o figuras con lápiz, pluma o creyón sobre una superficie: *Maricarmen dibuja a su abuelo mientras él toca la guitarra.*

di•men•sión *SUSTANTIVO*. Medida de longitud, anchura o altura: *Tengo que medir las dimensiones de esta mesa.*

dió•xi•do de car•bo•no

SUSTANTIVO. Gas que se encuentra en el aire y que se produce principalmente en la respiración y en la combustión de carbones: *La fotosíntesis, que tiene lugar en las plantas verdes, transforma el dióxido de carbono y el agua en hidratos de carbono y oxígeno.*

di•rec•ción *SUSTANTIVO*. Camino o rumbo que sigue una persona, animal u objeto: *Creo que vamos en dirección equivocada. ¿Por qué no le preguntamos a ese señor?*

dis•cri•mi•na•ción *SUSTANTIVO*. La práctica de tratar injustamente a una persona o grupo de personas por motivos de raza, sexo, religión o ideología: *Beatriz sigue luchando contra la discriminación de la mujer.*

di•sol•ver *VERBO*. Separar las partículas de un sólido en un líquido: *El azúcar y la sal se disuelven en el agua.*

Ee

em•pi•na•do/da *ADJETIVO*. Calle o camino con mucha cuesta o pendiente: *Para llegar a la escuela tenía que subir una calle estrecha y muy empinada.*

en•ga•ña•do/da *ADJETIVO*. Que ha sido víctima de un engaño o cuya confianza o fidelidad ha sido traicionada: *Se sentía engañado y estaba enojado. Después de tantos años de trabajo fiel, Gustavo recibió una breve carta de despido.*

en•ri•que•cer *VERBO*. Hacer rico o más rico: *La lectura enriquece la imaginación.*

en•ten•der *VERBO*. Tener claro el significado de algo: *Era tan extraño lo que decía que no lo entendía.*

es•ca•ra•ba•jo *SUSTANTIVO*. Insecto con caparazón duro y generalmente negro: *Las hormigas, las moscas, las mariposas y los escarabajos son insectos.*

es•ce•na•rio *SUSTANTIVO.* Parte del teatro u otro lugar donde actúan los actores o artistas: *Salí al escenario y empecé a cantar.*

escenario

es•con•di•te *SUSTANTIVO.* Lugar adecuado para esconderse o para esconder algo: *El árbol más grande que hay junto al río es su escondite favorito.*

es•pi•ga *SUSTANTIVO.* Conjunto de flores o de frutos en grano dispuestos a lo largo de un tallo: *Indicamos los países productores de trigo con una espiga de trigo en el mapa.*

es•pu•ma *SUSTANTIVO.* Burbujas que se juntan en la superficie de los líquidos: *Los niños pisaban la espuma blanca que las olas formaban en la playa.*

es•truen•do *SUSTANTIVO.* Ruido muy fuerte: *Las olas que chocaban contra las rocas producían un gran estruendo.*

F f

fá•cil•men•te *ADVERBIO.* Con facilidad; sin esfuerzo: *Los excursionistas cruzaron fácilmente el río.*

fa•vo•ri•to/ta *ADJETIVO.* El que gusta más de todos: *El fútbol y la natación son mis deportes favoritos.*

fe•roz *ADJETIVO.* Fiero, salvaje: *Todos temían al lobo feroz.*

for•tu•na *SUSTANTIVO.* Acumulación o conjunto de bienes y riquezas: *Rogelio heredó una gran fortuna y formó su propio negocio.*

G g

gas•tar *VERBO.* Emplear un bien o un material en alguna cosa: *Antonio va a gastar todos sus ahorros en un telescopio.*

gru•lla can•to•ra SUSTANTIVO. De las aves americanas, la más alta y una de las menos comunes del mundo. Es blanca con la punta de las alas negras, patas negras y cabeza roja. Su chillido característico se oye desde dos millas de distancia: *Se cree que el cambio de las condiciones ecológicas ha influido en la desaparición de las grullas cantoras.*

guí•a

1 SUSTANTIVO. Persona que dirige o conduce a una o varias personas: *La guía del viaje no hablaba español.*
2 ADJETIVO. Que dirige: *El perro guía de Javier está enfermo y por eso no ha salido en los últimos días.*

H h

ham•bre SUSTANTIVO. Ganas, deseo de comer: *Al salir de la escuela siempre tengo mucha hambre y lo primero que hago al llegar a casa es comer.*

hu•mor SUSTANTIVO. Estado de ánimo: *Margarita es una niña que siempre está de buen humor.*

I i

in•sec•to SUSTANTIVO. Animal pequeño de seis patas, generalmente con alas: *Los mosquitos y las moscas son los insectos que menos me gustan.*

insectos

in•se•pa•ra•ble ADJETIVO. Fiel, íntimo, muy unido: *Esos dos niños son inseparables. Todos admiran su amistad.*

J j

jus•to/ta ADJETIVO. Que actúa con honradez, según la ley y la razón: *El alcalde de nuestra ciudad es un hombre muy justo y trata a todas las personas con el mismo respeto.*

Ll

lá•tex SUSTANTIVO. Jugo propio de muchos vegetales del que se sacan gomas y resinas: *Este caucho está hecho de látex.*

lis•to/ta ADJETIVO. Que entiende y aprende con mucha facilidad; inteligente: *Felipe es un niño muy listo y aprendió un poema larguísimo.*

Mm

ma•le•ta SUSTANTIVO. Caja con asas hecha de distintos tipos de materiales que sirve para llevar cosas cuando se va de viaje: *Prepara la maleta, ¡nos vamos a México!*

ma•pa SUSTANTIVO. Representación gráfica de la superficie de la Tierra o parte de ella a escala reducida sobre el papel: *Hoy escribimos el nombre de los países en el mapa de América del Sur.*

mapa

ma•re•a SUSTANTIVO. Movimiento ascendente y descendente de las aguas del mar: *La marea alta cubría las rocas de la playa.*

mau•lli•do SUSTANTIVO. Voz característica del gato: *Terita reconoce fácilmente el maullido de su gato.*

ma•yor ADJETIVO. Que tiene más años: *Yo soy el mayor de cinco hermanos.*

mer•ca•do SUSTANTIVO. Lugar público, generalmente al aire libre, donde se venden y compran todo tipo de cosas, animales y alimentos: *Los sábados voy al mercado a comprar fruta.*

mil SUSTANTIVO. Diez veces cien: *Había miles de personas en las calles cantando y bailando. ¡Era Carnaval!*

mi•ne•ral SUSTANTIVO. Sustancia natural sin vida que se encuentra en el suelo: *La magnetita es un mineral muy común que contiene hierro.*

mu•dar•se VERBO. Cambiarse de casa: *Este año me mudé dos veces con mi familia.*

N n

ne•go•cio *SUSTANTIVO.* Actividad de comprar, vender o intercambiar bienes o servicios entre personas o compañías: *Raúl y Ramón tienen varios negocios de carros usados.*

O o

o•cu•rrir *VERBO.* Suceder algo: *Toda la gente salió corriendo a la calle, pero nadie sabía lo que ocurría.*

o•la *SUSTANTIVO.* Movimiento del agua en la superficie del mar u otra masa de agua: *Las grandes olas nos arrastraban hacia la orilla.*

ola

ór•ga•no *SUSTANTIVO.* Cada una de las partes de un ser vivo que realiza una función necesaria para la vida: *El corazón es uno de los órganos vitales de los mamíferos.*

or•to•gra•fí•a *SUSTANTIVO.* Manera correcta de escribir palabras: *La ortografía nos enseña a escribir correctamente.*

o•xí•ge•no *SUSTANTIVO.* Gas esencial para la respiración: *Los buzos tuvieron que subir inmediatamente a la superficie porque se les acababa el oxígeno.*

P p

pa•cien•te *ADJETIVO.* Que tiene paciencia; que sabe esperar: *Esperanza es una mujer muy paciente; trabaja duro y no se desespera. Sabe que el esfuerzo produce resultados.*

pa•ga *SUSTANTIVO.* Dinero que se recibe cada cierto tiempo a cambio de un trabajo: *La paga que Rosana recibe como doctora es buena.*

pa•ní•cu•la *SUSTANTIVO.* Parte superior de la planta de arroz: *La panícula no está sumergida en el agua.*

pan•ta•no•so/sa *ADJETIVO.* Terreno formado principalmente por pantanos (extensiones de terreno cubiertas por agua): *Para llegar al castillo tuvimos que cruzar unos terrenos pantanosos.*

par•ti•ci•pan•te *SUSTANTIVO.* Persona que participa en cualquier tipo de actividad: *Todos los participantes de la maratón estaban en la línea de salida.*

pe•ga•jo•so/sa *ADJETIVO.* Que está cubierto con una sustancia que se pega a otras cosas: *El caramelo me dejó las manos pegajosas.*

pe•gar *VERBO.* Unir una cosa con otra de manera que no se puedan separar: *Se ha roto una mano de la bailarina de porcelana, pero se puede pegar muy fácilmente.*

per•so•na•li•dad *SUSTANTIVO.* Conjunto de características, cualidades y comportamientos que diferencian a una persona de otra: *Se cree que el ambiente en el que se crían las personas influye en el desarrollo de su personalidad.*

pin•cel *SUSTANTIVO.* Instrumento formado por un grupo de cerdas sujetas a un mango largo y delgado que se utiliza para pintar: *No hay pintor sin pincel, ni escritor sin papel.*

po•e•ma *SUSTANTIVO.* Texto en verso que expresa las emociones y los sentimientos de quien escribe: *Escribo poemas para expresar lo que siento o cómo me siento.*

po•llue•lo *SUSTANTIVO.* Cría de un ave: *Mamá cigüeña cuida a su polluelo con mucho amor.*

polluelo

po•pu•lar *ADJETIVO.* Muy conocido: *Joaquín es el dueño del restaurante más popular del barrio.*

379

prac•ti•car *VERBO.* Repetir muchas veces algo que se ha aprendido para conseguir hacerlo mejor: *Anita y yo practicamos todos los días nuestro deporte favorito: el fútbol.*

pre•pa•rar *VERBO.* Hacer algo de manera que se pueda usar para cierto fin: *Preparamos las maletas para el viaje del domingo.*

pre•sen•tar *VERBO.* Dar a conocer: *¿Nos vas a presentar a tus tíos?*

pro•ble•ma *SUSTANTIVO.* Cuestión que hay que resolver o dificultad que hay que superar: *La nieve fue nuestro problema principal. Pero con esfuerzo y paciencia, finalmente conquistamos la cima de la montaña.*

pues•to *SUSTANTIVO.* Espacio de un mercado en el que se vende algo en particular: *Mi mamá tiene un puesto de flores en el mercado del pueblo.*

Rr

re•cor•tar *VERBO.* Cortar algo formando alguna figura: *Pedrín recorta peces de cartulina de colores para su collage.*

re•fu•gio *SUSTANTIVO.* Lugar que sirve para protegerse de algún peligro: *Corrimos en busca de refugio para protegernos de la lluvia.*

re•gio•na•lis•mo *SUSTANTIVO.* Uso del lenguaje que es característico de una región: *El español es rico en regionalismos que reflejan su variedad.*

re•gla•men•to *SUSTANTIVO.* Conjunto de normas y reglas que regulan una actividad: *Los reglamentos del campamento prohíben salir de noche.*

res•ca•te *SUSTANTIVO.* Operación de emergencia que se realiza para salvar a una persona o animal que se encuentra en peligro: *Todo el pueblo participó en la búsqueda y rescate de los tres niños perdidos en el bosque.*

re•ser•va•ción *SUSTANTIVO.*
1 Territorio separado para que vivan en él un grupo de personas: *Nació en la reservación, pero ahora vive en la ciudad.*
2 Territorio donde viven especies animales y vegetales protegidas: *El parque nacional de Yellowstone es una gran reservación natural de Estados Unidos.*

ro•tu•la•dor *SUSTANTIVO.* Instrumento para escribir que tiene un trazo más grueso que el de una pluma: *A veces prefiero dibujar con rotulador negro las partes que quiero resaltar.*

rui•do *SUSTANTIVO.* Sonido fuerte y desagradable: *No hagas tanto ruido con esas cajas, vas a despertar al bebé.*

ru•ta *SUSTANTIVO.* Conjunto de lugares por los que se pasa para ir de un sitio a otro: *Decidimos seguir la ruta más larga para llegar a la cascada.*

S s

sá•ba•na *SUSTANTIVO.* Tela, generalmente de algodón o hilo, con la que se cubre la cama: *Cuando tengo miedo y no puedo dormir, me tapo la cabeza con la sábana.*

sal•tar *VERBO.*

1 Tomar impulso y elevarse hacia arriba para caer en el mismo sitio o en otro diferente: *El campeón saltó una distancia de tres metros.*

2 Dejarse caer hacia abajo desde cierta altura: *El nadador saltó a la piscina desde el trampolín más alto.*

se•cre•to *SUSTANTIVO.* Información que no se revela a los demás: *Puedes contárselo a María; ella sabe guardar un secreto.*

sen•so•rial *ADJETIVO.* Relativo a la facultad de sentir: *Los bigotes del gato en realidad son órganos sensoriales.*

so•cio/cia *SUSTANTIVO.* Persona que se une a otra para lograr un objetivo común; compañero, colega: *Los dos hermanos heredaron el negocio familiar y decidieron hacerse socios.*

sub•te•rrá•ne•o/a *ADJETIVO.* Por debajo de la tierra: *El agua salía de unos pozos subterráneos.*

su•pli•car *VERBO.* Pedir algo con humildad; rogar, implorar: *De rodillas le suplicó que lo perdonara.*

saltar

T t

ta•piz *SUSTANTIVO*. Tejido decorativo con dibujos que están hechos con los hilos de la tela: *Marisa nos regaló un bonito tapiz para alegrar el comedor.*

tar•je•ta *SUSTANTIVO*. Pedazo de cartulina pequeño que lleva un dibujo y algo escrito: *Para mi cumpleaños, mis amigos me hicieron una tarjeta muy bonita.*

te•ji•do *SUSTANTIVO*. Cosa que se hace tejiendo: *La mariposa quedó atrapada en el fino tejido de las cortinas.*

to•ser *VERBO*. Expulsar brusca y ruidosamente el aire de los pulmones: *Está muy enfermo. ¡No para de toser!*

tu•ris•ta *SUSTANTIVO*. Persona que viaja por placer: *Cada año muchos turistas visitan el Gran Cañón del Colorado.*

V v

va•ca•cio•nes *SUSTANTIVO (pl.)*. Días de descanso en los que no se va a la escuela ni al trabajo: *Pasamos las vacaciones de verano en la playa.*

va•lien•te *ADJETIVO*. Que no tiene miedo: *Ventura es un hombre aventurero y valiente que no le teme a nada.*

va•rie•dad *SUSTANTIVO*. Conjunto de cosas diversas: *Había una gran variedad de vestidos entre los que elegir.*

ven•de•dor/do•ra *SUSTANTIVO*. Persona que vende: *La ciudad está llena de tiendas donde los vendedores ofrecen sus productos amablemente.*

vacaciones

Acknowledgments

Text

Page 14: From *Me llamo María Isabel* by Alma Flor Ada. Copyright © 1993 by Alma Flor Ada.

Page 36: From *Three up a Tree* by James Marshall. Copyright © 1986 by James Marshall. Reprinted by permission of Sheldon Fogelman Inc.

Page 38: *Abuelo y los tres osos* by Jerry Tello. Illustrated by Ana López Escrivá. Text copyright © 1997 by Jerry Tello. Illustration copyright © 1997 by Ana López Escrivá. Translation copyright © 1997 by Graciela Vidal. Reprinted by permission.

Page 54: "A Cowboy's Rope" from *The Cowboy's Handbook* by Tod Cody. Copyright © 1996 by Breslich & Foss. Reprinted by permission of Breslich & Foss.

Page 56: Text from *Anthony Reynoso: Born to Rope* by Martha Cooper and Ginger Gordon. Text copyright © 1996 by Ginger Gordon. All rights reserved. Reprinted by permission of Clarion Books/Houghton Mifflin Company.

Page 73: From *Pecos Bill* by Ariane Dewey. Text copyright © 1983 by Ariane Dewey. Reprinted by permission of Sheldon Fogelman.

Page 78: From *Herbie Jones* by Suzy Kline. Copyright ©1985 by Suzy Kline. Reprinted by permission of G.P. Putnam's Sons, a division of Penguin Putnam, Inc.

Page 80: From *The Herbie Jones Reader's Theater* by Suzy Kline. Copyright © 1992 by Suzy Kline. Reprinted by permission of G. P. Putnamís Sons, a division of Penguin Putnam Inc.

Page 96: From *Because You're Lucky* by Irene Smalls. Illustrated by Micheal Hays. Text copyright ©1997 by Irene Smalls. Illustrations copyright ©1997 by Micheal Hays. Reprinted by permission of Little, Brown and Company

Page 98: *El tapiz de Abuela* by Omar S. Castañeda. Illustrated by Enrique O. Sánchez. Text copyright © 1993 by Omar S. Castañeda. Illustrations copyright © by Enrique O. Sánchez. Reprinted by arrangement with LEE & LOW BOOKS INC., 95 Madison Ave., New York, NY 10016.

Page 123: "Así se hacen las arpilleras" from *Por fin es Carnaval* by Arthur Dorros. Text copyright © 1991 by Arthur Dorros. Reprinted by permission of Puffin Books, a division of Penguin USA.

Pages 126–129: "Mi sombra" by Marta Giménez Pastor and "Tiene leopardo un abrigo" by José Martí from *La rama azul: Antología de poesía* by Alma Flor Ada. Text copyright © 1976 by Editorial Plus Ultra. Reprinted by permission. "Regar" from *Gathering the Sun* by Alma Flor Ada. Text copyright © 1997 by Alma Flor Ada. Reprinted by permission of Bookstop Literary Agency. "Poem" from *Collected Poems* by Langston Hughes. Copyright © 1994 by the Estate of Langston Hughes. Reprinted by permission of Alfred A. Knopf, Inc. "Los sentidos" by Amado Nervo from *Canto y cuento. Antología poética para niños* by Carlos Reviejo and Eduardo Soler. Text copyright © 1997 by Ediciones SM.

Page 132: From *What's Inside of Plants* by Herbert S. Zim. New York: William Morrow & Company, Inc. 1952, pp. 4–5.

Page 134: *Fly Traps! Plants That Bite Back* by Martin Jenkins. Copyright © 1996 by Martin Jenkins. Published by Candlewick Press, Cambridge, MA. Reprinted by permission of Walker Books Limited, London.

Page 153: Adapted from "Can You Catch Flies?" by Rhonda Lucas Donald. Illustration by Tan Branch Graphics. Text copyright © 1996 by the National Wildlife Federation. Illustration copyright © 1996 by Tan Branch Granphics. Text reprinted from the April 1996 issue of RANGER RICK Magazine with the permission of the publisher, the National Wildlife Federation.

Page 156: From *The Willow Umbrella* by Christine Widman. Text copyright © 1993 Christine Widman. Reprinted with thepermission of Simon & Schuster Books for Young Readers, an imprint of Simon & Schuster Children's Publishing Division.

Page 157: From *Roger's Umbrella* by Daniel M. Pinkwater. Illustrated by James Marshall. Copyright © 1982 by Daniel M. Pinkwater. Reprinted by permission of McIntosh and Otis, Inc.

Page 158: *Mi vida con la ola* by Catherine Cowan. Illustrated by Mark Buehner. Text copyright © 1997 by Catherine Cowan. Illustration copyright © 1997 by Mark Buehner. Reprinted by permission of Lothrop, Lee & Shepard Books, a division of William Morrow & Company, Inc.

Page 178: Text from *Aventuras de Rufo y Trufo* by Carmen García Iglesias. Copyright © 1988 by Carmen García Iglesias. Reprinted by permission.

Page 180: *Rufo y Trufo* by Carmen García Iglesias. Copyright © 1990 by Carmen García Iglesias. Reprinted by permission of Edelvives.

Page 204: From "My Favorite Sharks" by Don C. Reed from *Boys' Life* Magazine, June 1993. Reprinted by permission of Don C. Reed. All rights reserved. Reprinted by permission of of the author and Book Stop Literary Agency.

Page 206: *Danger-Icebergs!* by Roma Gans. Text copyright © 1987 by Roma Gans. Reprinted by permission of HarperCollins Publishers.

Page 222: From *Discovering Sea Birds* by Anthony Wharton. Artwork by Wendy Meadway. First published in 1987 by Wayland Publishers. Reprinted by permission of Wayland Publishers Ltd., East Sussex, England.

Page 222: *Nights of the Pufflings* by Bruce McMillan. Text copyright © 1995 by Bruce McMillan. All rights reserved. Reprinted by permission of Houghton Mifflin Company.

Page 238: From *Peeping in the Shell* by Faith McNulty. Illustrations by Irene Brady. Text copyright © 1986 by Faith McNulty. Illustrations copyright © 1986 by Irene Brady. Reprinted by permission.

Pages 242–245: "El meteoro" by Elías Nandino from *La luciérnaga: Antología para niños de la poesía mexicana contemporánea* by Francisco Serrano. Text copyright © by CIDCLI. Reprinted by permission. "Jitomates risueños" from *Laughing Tomatoes* by Francisco X. Alarcón. Text copyright © 1997 by Francisco X. Alarcón. All rights reserved. Reprinted by permission of Children's Book Press. "Sandía" by José Juan Tablada and "¡Hola!, que me lleva la ola" by Lope de Vega from *Canto y cuento. Antología poética para niños* by Carlos Reviejo and Eduardo Soler. Text copyright © 1997 by Ediciones SM.

Page 250: "Don bueno y don malo" by Rolando Hinojosa Smith; illustrations by Kevin Hawkes. From Literatura Abremundos © 1997 by Silver Burdett Ginn. Used by